LA RECHERCHE

DE

L'UNITÉ

A LA MÊME LIBRAIRIE

OUVRAGES DU MÊME AUTEUR

La Sociologie. 1 vol. in-8 de la *Bibliothèque scientifique internationale*. 3ᵉ édition. . . . . 6 fr.

L'Ancienne et la Nouvelle Philosophie. 1 vol. in-8 de la *Bibliothèque de philosophie contemporaine*. . . . . 7 fr. 50

L'Inconnaissable ; sa métaphysique, sa psychologie. 1 vol. in-18 de la *Bibliothèque de philosophie contemporaine*. . . . 2 fr. 50

La Philosophie du Siècle. 1 vol. in-8 de la *Bibliothèque de philosophie contemporaine*. 2ᵉ édition. . . . . 5 fr.

Agnosticisme. 1 vol. in-18 de la *Bibliothèque de philosophie contemporaine*. 2ᵉ édition. . . . . 2 fr. 50

SOUS PRESSE :

A. Comte et H. Spencer. Contribution à l'histoire des idées philosophiques au XIXᵉ siècle.

EN PRÉPARATION :

La déception du Bien et l'Immoralité future.

Coulommiers. — Imp. Paul BRODARD.

LA RECHERCHE

DE

L'UNITÉ

PAR

E. DE ROBERTY

Prius scire.......

PARIS
ANCIENNE LIBRAIRIE GERMER BAILLIÈRE ET Cⁱᵉ
FÉLIX ALCAN, ÉDITEUR
108, BOULEVARD SAINT-GERMAIN, 108
—
1893
Tous droits réservés.

AVANT-PROPOS

Les pages suivantes se réclament de l'ensemble des thèses par moi posées et défendues en d'autres ouvrages.

La recherche de l'unité des choses et des êtres passionna fortement la pensée humaine. Dans la série de mes essais sur ce que je regarde comme les points « cardinaux » de toute philosophie, je ne pouvais, certes, omettre cette rubrique à la fois si ancienne et si vivace.

J'ajoute que mon livre a été inten-

tionnellement composé sur un plan de pure théorie.

Même, pour relever ici ce caractère blâmé, sans trop de raison, par la critique en vogue, j'ai cru devoir exclure du présent travail une partie de simple application qui examine les deux excès où versa, dans l'enquête sur le monisme, la philosophie contemporaine[1].

E. DE R.

Paris, 21 janvier 1893.

---

1. Cette étude paraîtra sous le titre : *A. Comte et H. Spencer. — Contribution à l'histoire des idées philosophiques au XIX° siècle.*

LA RECHERCHE DE L'UNITÉ

CHAPITRE PREMIER

CONSIDÉRATIONS PRÉLIMINAIRES

Prius scire....

La philosophie recherche la conception homogène de l'univers, de l'ensemble des choses; la science, la conception et, corrélativement, l'explication homogènes d'un ordre particulier de faits.

La science atteint son but en constatant les grandes uniformités d'existence qu'on nomme les lois naturelles. L'unité scientifique ne dépasse jamais la limite qui sépare une classe de phénomènes des classes voisines.

La philosophie se propose une fin autrement complexe. Elle prétend faire pour l'ensemble mondial ce que la science effectue à grand'peine pour quelques groupes, quelques conglomérats, quelques îlots perdus parmi l'immensité cosmique. Le monisme de la philosophie veut embrasser en une seule formule la série entière des assimilations expérimentales.

Par là on voit à quoi se réduisait ce monisme au temps où la plupart des sciences n'existaient que de nom et où leurs unités particulières ne présentaient qu'un fait potentiel, une pure possibilité d'avenir. La philosophie rentrait alors elle-même dans la catégorie des choses éventuelles et contingentes.

Succédant à la théologie, la métaphysique modifia les tendances monistiques de sa devancière en stricte conformité avec les grands changements survenus dans l'intervalle parmi les connaissances positives, et dont le plus considérable sans doute fut la lente constitution de la série des sciences abstraites. Ces conditions nouvelles incitèrent l'esprit à chercher des méthodes plus efficaces pour réaliser son rêve unitaire. L'ancienne hypothèse animique ne fut point complètement écartée. Elle dut cependant subir une concurrence, une rivalité dangereuse. Des suppositions à l'envergure au moins aussi vaste, mais possédant un caractère plus réfléchi, plus déterminé, naquirent à ses côtés; je veux parler des trois grandes synthèses du matérialisme, de l'idéalisme et du sensualisme [1].

1. Le malentendu qui divisait si profondément les religions fut ravivé par les écoles métaphysiques. Celles-ci croyaient de bonne foi avoir des raisons valables pour prolonger la vieille dispute. Car s'il paraissait importer peu au bonheur humain de distinguer le vrai Dieu, puisque les théologiens finissent par n'en admettre qu'un seul, il semblait beaucoup plus nécessaire, au point de vue de la recherche désintéressée de la vérité, de connaître le principe identique de tous les phénomènes. Par malheur, les métaphysiciens ne virent pas que leurs grandes hypothèses directrices étaient également oiseuses et inadmissibles. Hamilton disant : « Nous philosophons pour échapper à l'ignorance, et la philosophie nous y ramène », peint cette situation d'un trait topique.

Le siècle présent, à son tour, fut témoin de changements fort appréciables dans les conditions qui règlent le transformisme des idées générales. De nombreuses lacunes furent comblées aussi bien dans les sciences particulières que dans leur échelle hiérarchique ; et ces succès firent naître des ambitions excessives, souvent les plus fols espoirs. La métaphysique sembla vouloir réformer ses bases. Sous le nom de positivisme apparut un nouveau matérialisme, plus pondéré et plus savant que son ancêtre direct. L'appellation vague de criticisme déguisa un idéalisme en progrès, lui aussi, sur les concepts similaires des anciennes époques. Enfin la philosophie de l'évolution reprit, en la creusant, en l'améliorant, la grande tradition sensualiste.

Mais ces types si atténués, lorsqu'on les confronte aux vieilles conceptions, offrent ce signe nouveau qu'ils se pénètrent mutuellement de toutes parts. Certes, les disciples convaincus des trois grandes doctrines régnantes se rendent à peine compte d'un tel phénomène sociologique. Le criticiste se croit l'adversaire naturel du positiviste, et celui-ci renie sans hésiter les liens qui l'apparentent aux adeptes des théories évolutionnistes. La pensée du xix\ :sup:`e` siècle n'en continue pas moins à se diriger avec lenteur, mais d'autant plus sûrement, vers le point initial de la philosophie, — l'unité de vues qui particularisa la phase religieuse et ne fut que momentanément étouffée par la luxuriante différenciation métaphysique. En conséquence, le monisme moderne, sous les formes diverses que lui donnèrent l'un après l'autre le criticisme de Kant, le positivisme de Comte et l'évolutionnisme de Spencer, se rapproche beaucoup du degré le plus élevé dans la série théologique, — l'identité panthéiste de la pensée et du monde [1].

---

1. Quelques esprits méditatifs et, parmi eux, Hegel, ont érigé en loi générale de tout progrès la ressemblance qui marque les phases ultimes de développement et les phases initiales ou préparatrices. Si une telle loi existe, elle ne peut gouverner que les erreurs et les mécomptes de

Dans la série mixte ou théologico-métaphysique (qui débute, à vrai dire, par le monothéisme, puisque le polythéisme et le fétichisme n'offrent encore que des formations embryonnaires, des pluralismes en travail de monisme), les croyances panthéistes concluent à une synthèse plus parfaite que l'unité atteinte par le théisme, soit personnel, soit même impersonnel. Mais précisément pour les mêmes causes, dans la série métaphysique pure, moins préoccupée des divers aspects moraux et sociaux du problème, la philosophie relative se montre supérieure à la philosophie absolue, soit matérialiste, soit idéaliste.

D'autre part, cependant, panthéisme et rela-

l'esprit. L'humanité agit comme l'individu qui, conscient de s'être égaré, revient volontiers sur ses pas, pour mieux reconnaître sa route. Lasse de voir la pensée sombrer dans le vide des abstractions contradictoires, la philosophie moderne fit brusquement volte-face vers la première étape, la phase concrète, où la recherche philosophique se confondait encore avec le savoir naissant et l'art rudimentaire. Aussi avons-nous assisté sans la moindre surprise au mouvement qui se produisit naguère parmi les criticistes, et qui eut pour objet de nous présenter la métaphysique comme une sorte de poésie générale ou supérieure.

.tivisme ne valent guère mieux que des approximations de la vérité, lueurs incertaines, ouvertures étroites sur la clarté du jour. Un résidu, une survivance du passé s'y attache, qui les corrompt et les transmue en autant d'erreurs ou d'illusions. L'unité réalisée par ces systèmes garde l'empreinte indélébile d'une supposition qui dépasse l'expérience.

Cette remarque est essentielle. L'hypothèse invérifiable n'évite jamais le doute général. Nous ne possédons, en philosophie, aucun critérium qui puisse nous garantir la « consubstantialité » de l'Être suprême et de l'Univers (panthéisme), et aucun non plus qui nous certifie la « consubstantialité » de l'absolu et du relatif, — ou qui nous prouve, pour parler le langage des positivistes, que tout est relatif, et que rien n'est absolu. D'ailleurs, le scepticisme généralisé ne tarde pas à revêtir une nouvelle forme, logique à coup sûr, mais non exempte de dangers.

La conviction apparente des panthéistes et

des positivistes quant à l'unité affirmée par eux, cache une hésitation réelle. Les premiers voient dans l'Univers sa propre cause, et distinguent néanmoins celle-ci de son effet dans la mesure qui leur semble utile pour échapper aux étreintes de l'athéisme vulgaire. Et les seconds ramènent de bonne foi l'absolu au relatif et se refusent, malgré tout, à identifier ces deux concepts, à considérer leur opposition comme fausse, illusoire, ou du moins comme purement formelle. Chez le panthéiste, Dieu devient le principe qui vivifie et anime le monde, et, chez le relativiste, l'absolu, relégué au delà des bornes de l'expérience, se change en Incognoscible [1].

---

[1]. Le monisme contemporain reprend volontiers à son compte les doctrines, qualifiées aujourd'hui d'intuitions métaphysiques, qui, comme celles de Spinoza et de Leibnitz, admettent partout la coexistence du mouvement et de la pensée. Certes, ces anciennes théories ne pouvaient invoquer les résultats de la science actuelle qui paraissent les confirmer (thermomécanique, thermochimie, analyse spectrale, chimie atomistique, biologie cellulaire, mécanisme évolutionniste, etc.); mais il semble certain aussi qu'elles s'appuyaient sur des données scientifiques d'où sortirent, en définitive, les découvertes récentes.

Le monisme moderne, en outre, a certainement subi une

forte influence physiologique et, par là, sensualiste. Rappelons à ce sujet que Schopenhauer, l'un des initiateurs du mouvement moniste, convenait lui-même d'avoir simplement traduit en langue philosophique les idées de Cabanis et de Bichat.

D'autre part, cette hypothèse psychologique, étayée déjà par quelques expériences précises, la résolution de l'esprit en facteurs sous-conscients, fut également l'instigatrice immédiate de la longue série de théorèmes unitaires que vinrent soutenir, dans la lice philosophique, après Kant, Fichte, Schelling et Schopenhauer, tous les penseurs de marque. Leurs formules, au reste, se ressemblent d'une façon frappante. Elles varient à l'infini ce thème en faveur qui consiste à élever les éléments inconscients de l'esprit au rôle de substratum des choses. Je cite au hasard quelques-unes de ces transpositions.

Le processus nerveux et l'état de conscience ne sont qu'un seul et même fait vu sous des aspects différents (Lewes). La matière et la force sont identiques (Herzen). La distinction entre le monde externe et le monde interne se présente comme un pur effet de la pensée (Ardigo). Le mouvement et la volonté ne font qu'un : la substance mise en mouvement constitue le phénomène psychique de la « tendance », ce germe de volonté qui anime jusqu'à l'atome; mais ce qui manque à ces états de la substance élémentaire pour nous apparaître comme des tendances au sens psychologique, c'est la liaison interne, la continuité; car des rapports de ces états entre eux résulte la conscience (Wundt). Les choses en soi sont « esprit »; et ce que nous appelons la matière n'est que cet esprit extérieur représenté dans nos cerveaux d'une façon imparfaite et pareille à l'image qu'un miroir réfléchit dans un autre miroir (Clifford). Le monde est, du dehors, mouvement; du dedans, sensation et volonté; le mouvement constitue le phénomène étudié par la science et les méthodes expérimentales; la sensation et la volonté sont la chose en soi, étudiée par la philosophie (Noiré et cent autres).

1.

CHAPITRE II

DU RÔLE DES CONCEPTS NÉGATIFS DANS LES THÉORIES MONISTIQUES

Examinons quelques-unes des conditions au milieu desquelles surgissent et se développent les grandes synthèses philosophiques. Nous noterons le rôle que tiennent dans cette genèse et cette évolution les concepts purement négatifs de l'esprit.

Les écoles idéaliste et sensualiste ramènent tous les faits, en dernière analyse, à des états de conscience. Cette opinion prévaut généralement aujourd'hui. Les plus impénitents matérialistes ont fini, je crois, par s'y rallier. On ne saurait donc rien objecter à la thèse qui assimile l'uniformisation monistique à un important processus mental, — le passage du concret à l'abstrait. Et les différentes théories unitaires sembleraient, par suite, devoir se traiter comme des phénomènes intellectuels compliqués par l'interférence de nombreuses causes sociales.

Le monisme, au sens le plus large du mot, rentrerait ainsi dans le cadre d'études de deux sciences connexes, la psychologie et la sociologie.

Considérons-le d'abord au premier point de vue.

Les phénomènes tels qu'ils se présentent à nos sens, nous apparaissent toujours comme divers et dissemblables. Il faut les analyser, il faut découvrir leurs attributs communs, il faut passer des individus aux espèces et de celles-ci aux genres, pour voir cette multiplicité primitive s'atténuer de plus en plus. Mais le processus généralisateur et abstracteur s'arrêtera-t-il à ces degrés qu'il envisage comme des chaînons intermédiaires? Non pas, vraiment. En théologie aussi bien qu'en métaphysique, la pensée pure semble évoluer dans les conditions de vide absolu où l'on imagine, en physique, le mouvement dont la vitesse ne ferait que s'accroître. Notre esprit éprouve le besoin de s'élever toujours plus haut, d'aborder les sommets abrupts, d'atteindre l'unité dernière des choses.

Dans une certaine mesure, ce dessein se réalise, et facilement même. Au milieu de l'infinie variété qui l'entoure, la pensée saisit vite un caractère absolument universel, celui d'*être* ou d'exister : exister non pas de telle ou telle façon, mais exister en général. On ne tarde pas non plus à désigner cet attribut commun par le terme approprié de *phénomène*. On eût pu aussi l'appeler la *chose en soi*; et, en effet, il semble que le monisme rudimentaire des premières époques ne fît aucun usage de la subtile séparation qui s'établit par la suite.

Mais en parcourant, avec la rapidité excessive de son allure, la longue file des concepts abstraits, l'intellect prend conscience d'une sorte spéciale d'étapes ou de haltes, — les idées *négatives*. A chaque moment du processus généralisateur, nous pouvons affirmer que certaines espèces appartiennent à tel genre et n'appartiennent pas à tel autre, que les chevaux, les bœufs, les chiens, par exemple, *sont* des « vertébrés » et *ne sont pas* des « zoophytes ». Nous disposons toujours, par suite, de deux concepts abstraits au moins, pour signifier n'importe quel ordre de phénomènes. La catégorie « négative » apparaît même, en un certain sens, comme plus vaste que la classe « positive », puisqu'elle réduit à un dénominateur unique *tous* les faits, à la seule exception de celui qu'elle marque. Mais, dans sa poursuite de l'unité finale, l'entendement se rend très bien compte du profit qu'il peut tirer de telles négations; aussi y recourt-il volontiers et les préfère-t-il souvent aux idées positives [1].

Arrivé à la généralité ultime, à la chose toujours et partout pareille et identique, notre esprit essaye naturellement de faire usage du concept corrélatif : le non-être, le zéro absolu. Mais là il se prend au piège de sa propre ignorance psychologique. Il oublie que la validité d'une idée négative dépend de certaines conditions, régulièrement présentes durant le processus qui mène du concret à l'abstrait, du multiple à l'un, mais nécessairement absentes chaque fois que la pensée aboutit à son terme

---

1. Nous pensons par contrastes, dit avec raison M. Bain qui élève ce fait à la hauteur d'une règle générale de l'intelligence, la loi de la « relativité universelle ». Mais Bain (Mill, du reste, en fit déjà la remarque) se trompe en croyant que la loi de « relativité » exige toujours la présence de deux *affirmations*. Le contraste, indispensable pour que la conscience entre en jeu, peut se produire aussi bien entre une affirmation et une pure négation. Autre chose est de reconnaître, dans tous nos concepts restrictifs, un contenu réel voilé ou latent; mais M. Bain n'aborde point ce côté de la question. Voyez à ce sujet l'intéressant travail de M. Paulhan : *l'Activité mentale et les Éléments de l'esprit* (Paris, Alcan, 1889), p. 325, note 1.

final. Il ne saisit pas qu'alors la négation et l'affirmation s'unifient, le pur « rien » coïncidant avec l'existence dégagée de toute qualité, et le noumène ne se laissant plus distraire du phénomène.

Cette dernière identité, d'ailleurs, trop claire et trop simple sans doute, demeura longtemps inaperçue. On édifia une multitude de constructions chimériques, avec, pour pierres d'assise, des négations déguisées sous des termes positifs. Bientôt même, trompé par un dualisme illogique et faux, on désespéra de jamais pouvoir atteindre à l'unité, encore qu'on y touchât.

Aux erreurs engendrées par les concepts négatifs, à la vaine distinction de l'être tel quel et du néant, du phénomène abstrait et du noumène pur, s'ajoutèrent les illusions déterminées par le concept de causalité; et l'on en vint, par une pente insensible, à prendre ce que l'on imaginait comme *différent* de l'existence, pour la condition de celle-ci, pour la source cachée de tous les phénomènes. Un processus analogue et d'une égale inconscience a même dû s'accomplir dans les cerveaux des premiers hommes et y déposer le germe, si riche en développements ultérieurs, de l'hypothèse de Dieu, cette cause générale qui se résout toujours en l'effet qu'elle semble expliquer [1].

Ainsi naquit une double contradiction qui, après s'être établie et fortifiée sur le terrain de la théologie, s'épanouit sur celui de la métaphysique. Cette dernière s'efforça de donner à l'antinomie une forme nouvelle, une apparence plus acceptable ; mais elle ne réussit point à modifier le fond de l'antique débat. La lutte continua donc entre le monisme réel, bien qu'inconscient, et le fantôme du dualisme que l'esprit humain évoquait sans trêve, dans sa

---

[1]. On ne reconnut pas directement la substitution, mais on la devina presque, et cela fit la fortune du panthéisme, surtout dans les temps nouveaux. Car, identifiant le monde et sa cause présumée, la doctrine panthéiste se rapproche déjà à sa façon du monisme psychologique.

méconnaissance des lois qui le gouvernent.
Chevalier errant de la pensée pure, le métaphysicien se complut à pourfendre tous les moulins de la route. Il ne vit pas que dans le plus important des processus psychiques, qui part du pluralisme concret pour aboutir sans effort au monisme abstrait, le dualisme n'est qu'un accident, un point de vue intermédiaire et transitoire. Lorsqu'elle s'en contente et qu'elle l'érige en terme final, la pensée humaine abdique, et la raison renonce à sa suprématie.

Le mot « phénomène » demeura donc la traduction fidèle du mot « existence », et les spéculations sur le « noumène » reproduisirent avec exactitude les spéculations sur le « principe divin » qui régit le monde. La négation abstraite de l'existence fut prise pour quelque chose de non seulement distinct de l'être, mais d'aussi réel, sinon de plus primordial. Au phénomène on opposa le non-phénomène (noumène), mais celui-ci fut doué précisément de la propriété qu'il servait à nier, — et cela au suprême degré [1].

[1]. Cette faute attira à la longue l'attention de l'école sensualiste qui en fit un argument pour la relativité fatale de nos idées et de nos connaissances. L'historien de la philosophie ne négligera pas ce détail, s'il veut éclaircir une des causes qui aidèrent la doctrine sensualiste à plier peu à peu sous son joug les vieilles formes du matérialisme et de l'idéalisme. Le rôle critique tenu à cet égard par le sensualisme semble d'ailleurs assez analogue au rôle dissolvant joué par le panthéisme vis-à-vis des conceptions religieuses.

CHAPITRE III

CONTRADICTIONS FONDAMENTALES DE L'ANCIENNE PHILOSOPHIE

Avant d'aller plus loin, jetons un coup d'œil sur les formes contradictoires dont les vieux systèmes revêtirent l'antagonisme caché et, plus tard, la lutte ouverte entre l'unité logique ou rationnelle des choses et leur unité soi-disant réelle.

D'abord latente, et ensuite de plus en plus manifeste, la différenciation du savoir en trois groupes (mondes inorganique, organique et hyperorganique) entraîna naturellement, parmi d'autres conséquences, un fait des plus graves. Engagée, dès son origine, dans l'incessante poursuite de l'unité ultime de l'univers, la philosophie se différencia à son tour. Elle trifurqua, elle aussi ; et trois grands chemins, battus depuis par des milliers de philosophes, s'offrirent bientôt à la pensée, tous paraissant conduire au but souhaité.

Ces trois monismes n'attachaient guère de valeur à l'unité logique des phénomènes qui, en raison de la facilité avec laquelle on l'atteignait, leur sembla une conquête de minime importance [1]. On lui préférait l'unité hypothétique prétendue réelle et, avec plus de sincérité, transcendante. Aux yeux du matérialiste, elle passait pour mécanique ou physico-chimique. La tâche, eût-on dit, se compliquait pour l'idéaliste. A l'unité rationnelle, il lui fallut opposer une unité qui, d'après son hypothèse

1. En l'absence de motifs d'ordre scientifique, les considérations de cette sorte pesaient certainement plus qu'on ne le croit dans la balance où l'esprit des philosophes penchait tantôt d'un côté et tantôt de l'autre.

maîtresse, devait être idéale aussi. Mais l'illogisme qu'il admit ne fit que réfléter la contradiction où s'embarrassait le matérialiste identifiant l'esprit et la matière, sans cesser de distinguer entre l'unité mentale et l'unité purement physique. Les deux extrêmes se touchaient et se confondaient. Matérialistes et idéalistes voulurent en vain concilier, dans les choses, un contraste qui existait seulement dans leur esprit ; et ils finirent, de guerre lasse, par affirmer que la synthèse requise dépassait les bornes de la connaissance expérimentale. On pouvait espérer la découvrir en s'aidant des méthodes de la raison transcendante, de l'intuition supérieure, c'est-à-dire, par le fait, en imaginant des hypothèses universelles et invérifiables.

Les deux écoles recoururent, vraiment, à un pareil acte de foi ou d'autosuggestion. Certains déclarèrent avec emphase que l'unité suprême ne pouvait se déduire que de la matière (un pur concept !), d'autres — qu'elle devait par essence évoluer dans la sphère de l'idée. Le point de départ devint ainsi une conclusion finale, et le simple énoncé du problème nous fut présenté comme sa solution.

Le troisième aspect de la métaphysique, le sensualisme, expliquait le monde par les chaînons intermédiaires dans la hiérarchie naturelle des faits. Mais en réduisant tous les phénomènes à la sensation, c'est-à-dire à une unité biologique, le sensualiste eût dû par là même renoncer au droit d'opposer l'unité transcendante à l'unité mentale; car cette dernière prenait sa racine visible dans le fait sensationnel, synthèse suprême des faits vitaux. A son tour, comme le matérialiste et l'idéaliste, il tomba dans cette triste contradiction. Et il s'en tira exactement comme eux. Il éleva son ignorance temporaire à la hauteur d'une antinomie fatale de la raison, il décida que l'agnosticisme contenait le dernier mot de la sagesse humaine.

Les trois grands monismes historiques de la philosophie aboutissent au même terme. Rien de plus légitime, puisque tous trois commettent, sous des apparences diverses, la même erreur. L'unité de l'effet est ici le réactif certain qui découvre l'unité de la cause.

Le monisme logique qui clôt et termine les processus abstractifs de l'esprit en y formant l'idée d' « être » et ses nombreux synonymes, n'a jamais pu satisfaire la philosophie qui se donnait justement pour une *ontologie* ou une science générale de l'être. Dans cette conjoncture particulière, l'esprit humain subissait l'illusion même qui l'égara dans le cas plus général de l'opposition des contraires absolus. Je veux parler de la déception d'une généralité croissante et s'élevant toujours plus haut, — problème de psychologie aussi mal posé, dans la philosophie vulgaire, que le fut, dans la mécanique, celui du mouvement perpétuel; il y joua longtemps un rôle semblable.

Dans les concepts négatifs les plus généraux, les philosophes croyaient voir une chose existant en dehors de l'esprit qui avait créé ces notions, et digne de prendre rang à côté des idées positives, comme une réalité distincte. Et la métaphysique se dépensa en vaines tentatives pour trouver le genre supérieur capable de réunir et fusionner de pareils contraires. Ainsi s'acclimata l'interminable file d'antinomies qui de l'ontologie gagna la théorie du savoir, où elle reçut définitivement la forme d'une opposition irréductible entre la chose et son essence, entre le connaissable et l'inconnaissable [1].

1. Pour ne citer qu'un exemple de cet état mental, on sait que le divin ou surnaturel fut longtemps affranchi et détaché du naturel. Et puisqu'il semblait impossible de les faire rentrer tous deux dans une classe plus compréhensive, le métaphysicien se déclara en présence d'un problème insoluble. Seul, peut-être, le panthéiste tourna la difficulté en essayant timidement de diviniser l'univers ou d'universaliser Dieu.

Quelques esprits, moins faussés que les autres par l'habitude des spéculations à vide, pressentirent l'identité de Dieu et de l'Inconnaissable. Par malheur, ils ne constatèrent pas l'équivalence originelle des concepts « Dieu » et « Univers », « Noumène » et « Phénomène », « Inconnaissable » et « Connaissable ».

Au reste, est-il besoin de noter que les termes « antinomisme » et « agnosticisme » possèdent à nos yeux une signification égale qui peut s'exprimer encore par ce troisième terme, le « dualisme. »?

Mais dans l'ontologie aussi bien que dans la théorie de la connaissance, l'immense majorité des philosophes n'appréhendait pas le caractère factice de notions telles que, d'une part, l'idée d'essence et, de l'autre, l'idée d'unité transcendante. On ne voyait pas que la forme positive de ces idées servait uniquement à dissimuler leur valeur de négations abstraites par rapport à d'autres concepts, corrélatifs en apparence, mais profondément synonymiques en réalité. Encore moins pouvait-on comprendre la véritable nature de ces symboles, ni la nécessité psychologique et rationnelle de les faire rentrer dans la classe des *pseudo-négations soumises à la loi de l'identité des contraires*. Telle est pourtant l'une des thèses capitales défendues en ce livre [1].

---

1. Un monisme spontanément découvert par la sociologie moderne vient se joindre au monisme psychologique que la pensée humaine nia si souvent et qu'elle transforma en un dualisme artificiel, tantôt ontologique et tantôt gnoséologique. Cette unité plus restreinte nous montre, sous la divergence des aspects extérieurs, l'identité fondamentale des conceptions religieuses et métaphysiques qui fleurirent à travers les âges.

CHAPITRE IV

DE L'UNITÉ DE LA SCIENCE. LES GRANDES SYNTHÈSES
DU SAVOIR

Le caractère universel qui appartient à la synthèse logique semble convenir aussi à toutes les grandes formules unitaires élaborées par les principales divisions du savoir.

La hiérarchie ou subordination des sciences est fréquemment (surtout depuis Comte) comparée à un édifice de plusieurs étages, ou à une série de fondations sur lesquelles s'élèverait une série de superstructures. Cette similitude est acceptable tant qu'on vise uniquement les conditions qui règlent l'interdépendance des disciplines théoriques. Mais elle cesse d'être exacte pour peu qu'on cherche à reconnaître la nature intime du lien qui relie entre elles les grandes catégories du savoir abstrait. Alors s'impose avec force l'image de plusieurs sphères concentriques dont la plus vaste, symbolisant les attributs quantitatifs et la science de ces attributs, renfermerait la sphère des propriétés physiques. Cette sphère, à son tour, envelopperait celle des propriétés chimiques, et ainsi de suite, en passant par les attributs biologiques, psychologiques et sociologiques, jusqu'à un certain point formant le centre commun de ces diverses circonférences et représentant l'unité dernière des choses.

Essayons de saisir la valeur réelle de ce diagramme et, pour cela, examinons rapidement la série, croissante en complexité et décroissante en généralité, des grandes synthèses du savoir.

Elle s'ouvre — on l'accorde volontiers

aujourd'hui — par la synthèse quantitative qui offre d'ailleurs le type d'unité scientifique le plus parfait. Ce lien embrasse tous les ordres de phénomènes sans la moindre exception : les faits psychiques et sociaux échappent aussi peu à l'action des lois du nombre que les faits mécaniques, physico-chimiques et biologiques. L'unité mathématique demeure cependant spéciale en ce point, que le *nexus* par elle constaté entre les phénomènes et par elle mis en évidence forme une propriété des choses étudiée dans une science *ad hoc*, abstraction faite de leurs autres propriétés.

Tout ce qui *est*, est dans le temps et dans l'espace. En d'autres termes, tout ce qui existe peut se dénombrer et se mesurer. Or l'idée de temps ou de durée, dont l'idée de nombre ne livre qu'un substitut (voilé par la synonymie inhérente au langage abstrait), apparaît elle-même comme une affirmation de l'idée de séquence, identique à celle de conscience. De même, l'idée d'espace avec son corollaire, l'idée de mesure, constitue, tout porte à le croire, une simple réaffirmation de l'idée de coexistence, identique à celle de matière [1].

On voit poindre ainsi, sous l'universalité de l'attribut quantitatif, l'unité ontologique même atteinte par la raison réduisant tout ce qui tombe sous l'action des sens au concept unique de l'être. Loin de se séparer du monisme mental, le monisme quantitatif s'y déverse tout entier. L'unité du cosmos se révèle également à l'observateur, qu'il soit savant ou philo-

---

1. En ramenant l'idée de temps à l'idée de conscience (esprit) et l'idée d'espace à l'idée d'inconscience (matière), pour les fondre ensuite dans l'idée d'existence pure ou absolue, nous restons dans la grande tradition de Hume définissant la cause : « un objet qui en *précède* un autre ». Une cause n'est vraiment telle que pour l'esprit qui observe les choses. Cette expression « précède » semble obscure et mystérieuse à M. Lechalas (*Revue philosophique*, 1892, n° 3 : *Le temps, sa nature et sa cause*); il y voit un « terrible problème » posé par Leibnitz et demeuré jusqu'ici insoluble. Elle nous paraît, au contraire, ne le céder en clarté à aucune des autres énonciations philosophiques. Quant à la tentative de M. Lechalas, se proposant de retourner en quelque sorte la théorie de Hume, de réduire l'idée de temps à celle de *cause occasionnelle*, ou l'idée de séquence à celle de condition, d'état déterminant, nous la jugeons fort peu concluante.

sophe, mathématicien ou logicien. Qu'il choisisse comme point de repère les faits de quantité, ou la foule plus restreinte des phénomènes intellectuels, il finira toujours par accepter la relation nécessairement concentrique de ces deux sphères. Ce monisme suffit à la science aussi bien qu'à la philosophie; il se complète, d'ailleurs, et s'approfondit par l'adjonction de synthèses essentiellement identiques recueillies dans les domaines intermédiaires. Elles servent toutes à vérifier la généralisation d'abord obtenue [1].

1. Le temps et l'espace, auxquels nous accordons l'universalité la plus large qui se puisse imaginer, semblent néanmoins se distinguer, par essence, des concepts symbolisant les autres attributs. En effet, nous pensons le temps et l'espace en eux-mêmes comme illimités ou infinis. Mais qu'est-ce à dire, et la qualité d'une qualité universelle ne doit-elle pas, par définition, pouvoir s'attribuer à toute chose? Tout phénomène occuperait donc *éternellement* un *espace sans limites* connues? C'est bien là un peu, il faut l'avouer, la conception du monde qui prévaut aujourd'hui et que justifieraient d'ailleurs les faits d'expérience. Mais il existe une façon plus simple encore d'expliquer l'*infini*, cette idée qui a fourvoyé tant d'intelligences de premier ordre. Tâchons d'y voir le synonyme exact de l'universel. L'universel et, en ce sens, l'*Un*, nous semble, par là même,

Passons maintenant à la sphère immédiatement circonscrite par celle que nous venons d'indiquer, à l'ensemble des propriétés étudiées aussi bien par la physique que par la mécanique; car cette dernière se borne à appliquer les lois du nombre à ce qu'on peut appeler la physique générale ou l'introduction logique à la physique.

A l'heure présente, le monisme physique ne possède pas le degré de perfection réalisé par le monisme purement quantitatif. Il ne se confond pas avec lui. Certains attributs manifestés par des agrégats très complexes ne se laissent ramener aux propriétés mécaniques qu'au moyen d'une série d'hypothèses en voie de

---

le contraire du fini, du particulier, du multiple. La mathématique a bien saisi la vraie nature du concept d'infini en l'exposant comme une fonction signifiée par $\frac{1}{0} = \infty$. L'universel absolu pourrait de la même manière se définir : ce qui se trouve placé en face de soi seul et ce qui, par suite de cette relation unique, ne peut avoir de rapport qu'avec zéro ou *rien*. Mais l'infini dévoilé comme l'universel devient un concept positif, avantage qui n'est pas à dédaigner dans l'ordre des spéculations abstraites.

vérification. Mais la science fait chaque jour un pas en avant qui la rapproche du but poursuivi, de l'identité finale du monde.

Tous les faits naturels s'expriment nécessairement en termes de la sensation, soit tactile, soit visuelle, olfactive, gustative ou auditive. Or nos sens semblent être le développement d'un sens unique, celui du toucher. Arriver à énoncer les combinaisons phénoménales les plus variées à l'aide de formules ne relevant, en définitive, que de cette sensation originaire et primordiale, constitue, à tous égards, une simplification, donc un progrès appréciable de la connaissance. A cela s'emploie surtout le mécanisme scientifique moderne. Chercher à dépasser ce point, prétendre nous dire ce que le phénomène naturel peut valoir en soi, en dehors de toute sensation, même de la sensation ultime qui nous le représente comme *mouvement*, n'est-ce pas là un abus topique du langage abstrait, une imagination contradictoire et vraiment puérile de la raison toujours servie par les sens et se servant d'eux alors même qu'elle refuse leur service?

Cette mystification plusieurs fois séculaire ne saurait nous conduire à une analyse exacte du monde objectif. On n'y doit voir qu'une pseudo-transcendance habilement dissimulée sous l'opposition de la pensée matérielle (sensations, ou idées à l'état brut) et de la pensée formelle (idées, ou sensations à l'état parachevé). En dépouillant les choses du dernier lien qui les assemble et les groupe en une synthèse dont la marque rationnelle garantit la vérité, on ne parviendra certes pas à les connaître en elles-mêmes.

Par ce procédé nous tournons le dos à toute vraie science. Au lieu de nous rapprocher, nous nous éloignons de la fameuse chose en soi. Imaginant et posant le phénomène à part des sensations complexes qui l'accompagnent et nous le traduisent directement, nous devenons incapables de le ramener, d'une manière indirecte, à l'expression la plus simple de son fond identique. En voulant échapper, sous prétexte de transcendance, à la sensibilité unifiée et concentrée par le mécanisme de la science moderne, nous retombons sous le joug de la sensibilité multiple et dispersée qui pesait si lourdement sur les époques d'ignorance.

Ce que tous les phénomènes, les plus simples (la chute d'une pierre) et les plus compliqués (un acte psychique éclairé par la conscience), ont en stricte communauté, s'appelle, nous l'avons vu, le temps et l'espace. Cela aussi bien dans le langage confus du vulgaire que dans la langue simplifiée et généralisée de la science et dans le jargon surabstrait de la philosophie. Le résultat demeure invariable, que l'on considère ces concepts comme purement subjectifs, formes universelles prêtées aux choses par l'intelligence, selon la pensée de Kant, ou qu'on les envisage comme originairement objectifs, véritable quintessence, schéma d'attributs empruntés par l'esprit aux choses qui possèdent ces qualités en commun avec lui.

Le temps et l'espace restent quand même deux synonymes, deux réaffirmations d'une vérité dernière unique, d'une équation absolument universelle figurée encore par cette synthèse finale, l'idée d' « être ».

Mais incité par ses besoins analytiques, l'esprit conçoit l'*être* sous deux aspects connexes : l'existence simultanée ou continue (matière, étendue et, subjectivement, résistance) et l'existence successive ou discontinue (temps, durée et, objectivement, mouvement). Il n'est pas nécessaire, je suppose, de trop insister sur la parité intrinsèque de tous ces concepts, ni sur la fatalité de l'opération mentale qui transforme l'objectif en subjectif et *vice versa*[1]. Qu'il nous suffise de constater qu'en ramenant tous

---

[1]. Aussi fut-elle toujours forte la tentation de substituer à l'aspect objectif des choses son équivalent subjectif. La Volonté, l'Inconscient, l'Élément sensationnel ou « Mind-Stuff », la Poussée élémentaire ou « Trieb » (Schopenhauer, Hartmann, Clifford, Wundt) offrent autant d'exemples de cette tendance et d'une terminologie défectueuse, car elle remplace l'actuel et le simple par le potentiel et le compliqué.

les phénomènes au mouvement, la science par ce procédé les ramène au temps, à la durée, à la conscience. Elle institue un monisme qui, pour nous paraître expérimental ou même empirique, n'en est pas moins rationnel ou logique.

Les deux sphères qui font suite à l'ensemble des faits physiques et qui renferment, l'une, les faits et les relations étudiés par la chimie, et l'autre, les faits et les rapports soumis aux lois de la biologie, évoquent, à quelques variantes près, des considérations semblables à celles exposées plus haut. Pour indécise et flottante qu'elle soit, la tendance du monisme chimique et du monisme biologique à se résoudre dans l'unité mécanique des choses ne s'en manifeste pas moins comme constante et avérée.

Passons donc outre et arrivons aux phénomènes proprement psychiques [1].

---

[1] Je ne mentionnerai que pour mémoire, dans ce chapitre, l'unité sociologique qui ne diffère en rien, par sa nature intime, des autres grandes synthèses de la science. L'organisation des groupements sociaux se greffe sur l'organisation des agrégats physiologiques et psychophysi-

Bien que cette sorte de faits nous touche de plus près qu'aucune autre, nous abordons ici un savoir nominal, un sol resté ingrat et qu'envahirent toutes les herbes folles de l'imagination non contrôlée par l'expérience.

C'est dans la théorie de la connaissance, coin le plus ténébreux d'une science elle-même obscure, qu'éclata la fameuse querelle entre le réalisme et le nominalisme; querelle dont les échos survivent dans nos discussions modernes. Et pourtant ce débat ne fut, en vérité, qu'un immense malentendu. Le réalisme prétendant que les idées étaient seules réelles, et que tout le reste formait un vain simulacre, soulignait le caractère illusoire de la découverte expérimentale. Et le nominalisme pour lequel les relations entre les choses étaient purement subjectives, déclarait par là même que l'expérience ne pouvait dépasser le sujet, ni atteindre

---

ques, et l'activité des uns dépend essentiellement de l'activité des autres; le mécanisme social ne semble donc être, après tout, qu'une espèce dans un genre infiniment plus vaste.

l'objet en soi. En somme, donc, ces théories aboutissaient à un dualisme plus ou moins latent de la connaissance (chose en soi et phénomène) [1].

Ce *dualisme* précisément se pare aujourd'hui du nom d'*agnosticisme*.

Remarquons à ce propos un phénomène très curieux d'évolution intellectuelle. L'ignorance primitive, fondatrice des théogonies et des théologies, considère la nature, l'univers tel quel, comme un milieu semé de mystères, plein d'ombres inscrutables. Des siècles sillonnent l'éternelle durée, et la même doctrine, modifiée dans le détail, se renouvelle intégralement quant au fond. On la voit, au moyen âge, se soutenir par des arguments dont la subtilité nous étonne et dont la futilité nous choque. De nouveaux siècles passent, et la théorie initiale persiste, plus captieuse et dominatrice que jamais.

---

[1]. Si le réalisme se peut définir comme un dualisme de fait, le nominalisme, même corrigé par la théorie conceptualiste plus proche de la vérité, se doit reconnaître au moins comme un dualisme d'intention.

Trois puissantes écoles, celles mêmes qui semblent avoir confisqué à leur avantage toute l'originalité philosophique de notre époque, reprennent et font leur la thèse tant de fois et toujours stérilement agitée. Kant pose les prémisses d'une longue suite de théorèmes que d'autres penseurs tâcheront plus tard de résoudre. Il vient défendre l'idéalité, la nature purement mentale de l'espace et du temps. Par là il assure et garantit le dualisme de notre connaissance. Il fonde ou plutôt il rétablit les théories phénoménistes qui débaptisèrent à leur profit les doctrines en vogue au moyen âge. Et c'est ensuite la philosophie positive et son succédané récent, la philosophie évolutionniste qui, dédaigneuses toutes deux des ratiocinations kantiennes, stigmatisées par elles comme profondément métaphysiques, les laissent de côté, prennent, pour ainsi dire, par le plus court, et finissent par atterrir exactement au même endroit.

Pas n'est besoin, d'ailleurs, de chercher trop

loin la cause de ce transformisme à allures serpentines, de cette évolution qui semble toujours prête à revenir vers son point de départ. Cette cause existe, fleurit, et s'épanouit à nos côtés. C'est notre profonde ignorance en matière psychologique. Elle a évolué, elle aussi, et suivi une longue ligne sinueuse depuis l'époque reculée où l'humanité s'en inspira pour créer ses dieux primitifs, symboles grossiers des grands blocs de faits naturels que l'esprit classa ainsi pour la première fois. Malheureusement, la psychologie n'a pas encore franchi la limite qui sépare la sagesse empirique du savoir abstrait, elle ne s'est pas constituée en science.

Soulevée par tous les philosophes, embrouillée par la célèbre contradiction où tomba Aristote, platonicien d'un côté, naturaliste et expérimentateur de l'autre, le puéril problème de la *forme* et du *fond*, cette naïve redite développant l'antinomie du sujet-objet, continue à troubler les esprits et à fomenter les plus inutiles disputes d'école. Il convient donc d'en dire ici deux mots.

Ce qu'on nomme, en philosophie, une *forme*, consiste en un arrangement, un rapport plus ou moins fixe entre certains groupes de sensations, représentatives, à leur tour, de certains phénomènes. La réalité de pareilles relations ne saurait être suspectée, à moins de mettre en doute la réalité de l'esprit lui-même. Leur matérialité seule se trouve en cause. Mais nous oublions que, pour penser la matière, l'esprit fait appel au concept de quantité (l'espace considéré comme synonyme de résistance). Et *vice versa*, quand nous énonçons ce nombre, *deux* hommes, nous abstrayons de la réalité par nous perçue un rapport tout aussi matériel (si matière il y a) que l'existence à laquelle il s'applique.

Un ensemble, une somme est toujours un rapport, un arrangement de parties, une forme. Cependant, s'il s'agit de choses concrètes, l'ensemble nous apparaît comme autant, sinon plus matériel que ce qu'on lui oppose, soit son fond ou substratum (en philosophie transcendante), soit ses moindres parcelles, ses atomes hypothétiques (dans la science).

Parmi les choses qui possèdent des formes, qui font surgir des idées, se range, en première ligne, cette chose si peu et si mal étudiée qu'on appelle l'esprit, matrice où se coulent, en dernier lieu, les idées et les formes. Le sujet est toujours en même temps un objet. L'unité logique ou formelle des choses, par suite, est toujours en même temps leur unité réelle ou matérielle. Elle n'existe qu'à ce titre. Et avant de le nier, avant même d'en douter, il faudrait pouvoir établir scientifiquement la véritable origine et la vraie nature des concepts de quantité, de temps, d'espace, de mouvement, de matière, etc.

Car si, comme nous en faisons l'hypothèse, ces « formes », ces idées reflètent et répètent purement la « forme », l'idée d'existence, ou si, en d'autres termes, la loi de l'identité des contraires surabstraits [1] se démontre comme une véritable découverte psychologique, la croyance à la chose en soi, le dualisme de la connaissance aurait sûrement vécu. Avec ce dédoublement disparaîtraient sa source (supra-naturalisme ou théologisme ancien) et son aboutissement (tendances mystiques et pessimistes de nos jours) : — la majeure avec son grand terme (Dieu ou cause première) et la conclusion forcée (l'agnosticisme moderne). La place alors deviendrait nette pour un monisme rationnel et expérimental à la fois.

Tout le monde connaît la preuve ontologique de l'existence de Dieu donnée, dans son œuvre capitale, par le philosophe qui, l'un des premiers, bannissait du monde physique la cause et la force pour y substituer des rapports quantitatifs. Mais, à la même heure, il creusait un abîme profond entre la matière et la pensée. Aussi le « dualisme transfiguré » de

---

1. Qu'il faut se garder de confondre avec la théorie hégélienne de l'identité des contradictoires.

notre époque l'accepta avec joie pour l'un de ses maîtres.

Voici l'argument tel que le présente Descartes dans ses *Méditations* : « Nous avons l'idée d'un être infini, absolu et souverainement parfait. D'où nous vient cette idée? Elle ne peut pas venir du néant, car le néant ne produit rien ; elle ne peut pas venir des réalités finies, car alors le fini aurait produit l'infini et l'absolu : l'effet serait supérieur à la cause. Donc cette idée vient de Dieu : donc Dieu existe. »

Ma réponse sera précise. L'idée de l'infini nous vient des réalités que d'habitude nous envisageons comme finies, et le relatif engendre ainsi l'absolu. Il nous importe aussi peu d'examiner si l'effet en ce cas ne serait pas supérieur à sa cause, qu'il nous l'importe peu au cas où des arbres de la forêt nous passons à l'idée d'arbre en général. L'infini n'est, selon la loi de l'identité des contraires, que le fini pur ou abstrait, soit, en ce sens, l'universel, l'attribut présent dans toutes les réalités. La matière infinie ne serait donc que la matière conçue d'une façon abstraite et par là universelle; le temps infini que le temps abstrait, et ainsi de suite [1]. Voilà pourquoi ou plutôt comment le temps et l'espace sont infinis en vérité et ne nous paraissent pas tels seulement. L'absolu a une portée analogue ; car toutes les réalités finies sont des réalités relatives. L'idée d'*être* enfin offre un troisième synonyme de l'infini. La preuve ontologique de l'existence de Dieu devient ainsi la preuve de l'existence de l'existence, ou, si l'on aime mieux, de l'existence de l'univers. Dieu ne signifie rien, s'il ne signifie l'univers ou l'idée abstraite que nous en avons. Mais à côté des idées vraies s'élèvent les idées fausses, les paralogismes, les

---

1. Dans certains cas de confusion inconsciente entre différents degrés de l'échelle abstractive, on s'expliquerait de la sorte la possibilité de concevoir l'infini lui-même comme plus ou moins grand, — par exemple, dans le problème connu de deux bandes parallèles infinies dont l'une serait le double de l'autre.

illusions. Et l'on tombe dans un paralogisme et une illusion lorsqu'on sépare Dieu, en tant que cause, de l'univers considéré comme effet. Par une étrange malencontre, on commet précisément l'erreur si souvent reprochée aux athées et aux matérialistes : on fait du monde sa propre cause.

On sait aussi que Descartes, suivi en cela par Malebranche, différencie la substance matérielle ou corporelle de la substance spirituelle, en invoquant l'incompatibilité absolue de la pensée avec l'étendue. Mais le philosophe français ne vit pas ce que Spinoza et Kant discernèrent plus tard : l'étendue est encore de la pensée. Les faits intérieurs dont parle Descartes n'occupent pas l'espace et ne possèdent pas trois dimensions, tout simplement parce qu'ils occupent le temps et offrent le spectacle de la durée. Or, le temps et l'espace sont des synonymes de « l'existence », de l'attribut universel des choses, soit de l'infini ou de l'absolu. Et si nous disons que les faits intérieurs n'évoquent que le temps, et les faits externes le temps et l'espace, c'est pour mieux marquer que les premiers nous paraissent subjectifs, et les seconds subjectifs et objectifs à la fois. Là encore, nous nous retrouvons face à face avec la vieille opposition du « moi » et du « non-moi », si naturelle et si précieuse dans la pratique, mais perdant peu à peu toute valeur dans la théorie pure.

Les œuvres cartésiennes suggèrent une autre réflexion qui se rapporte à un point important déjà touché en ce chapitre. Nos contradicteurs insistent sur la prétendue nouveauté des théories agnostiques, et, pour appuyer leurs vues, s'en réfèrent aux vieux textes. Descartes, cela va sans dire, fut exhumé l'un des premiers, Descartes qui annonce avec emphase à ses lecteurs qu'il leur fera « connaître Dieu plus facilement et plus certainement que nous ne connaissons les choses du monde » (Épître-préface des *Méditations*). Or, en dépit de cette promesse, Descartes fut sans nul doute un relativiste de

haute marque, et Comte ne se trompa point en
le rangeant, malgré son spiritualisme outré,
parmi les ancêtres intellectuels du positivisme.
Car pour Descartes, comme pour tant d'autres
métaphysiciens (pour ceux, surtout, qu'on nous
présente cherchant à pénétrer l'essence intime
des choses), connaître Dieu veut dire tout bonnement reconnaître son existence. Mais aux
yeux des agnosticistes modernes, aux yeux de
Kant, de Comte, de Littré, de Spencer, de
Bain, de Mill, de Wundt, de Dubois-Reymond,
de cent autres que je ne cite pas, la réalité de
l'Inconnaissable réclame une certitude égale,
sinon supérieure, à la certitude qui enveloppe
la réalité du connaissable. En s'évertuant à
prouver l'existence de Dieu et son corollaire
alors obligé, l'immortalité de l'âme, les philosophes d'autrefois accomplirent la besogne
même dont se vantent aujourd'hui les penseurs
qui s'efforcent de démontrer l'existence de l'Inconnaissable et son corollaire actuel, l'indicible
mystère planant sur la naissance et la mort

des êtres doués de vie. Pour s'en convaincre, il suffit de lire avec attention les textes en controverse. On verra ainsi, par exemple, ce même Descartes déclarer que « nous devons considérer nos esprits comme des choses finies et limitées, et Dieu comme un être infini et incompréhensible » (*Préface*); ou affirmer « qu'il se rencontre en Dieu une infinité de choses que je ne puis comprendre, ni peut-être atteindre aucunement de la pensée; car il est de la nature de l'infini que moi qui suis fini et borné ne le puisse comprendre » (*Troisième Méditation*).

Est-ce à dire toutefois qu'on doive regarder l'athéisme comme la seule doctrine capable d'entrer ouvertement en lice avec les théories agnostiques? Une négation, d'ailleurs, peut-elle détruire une autre négation? Tâchons de procéder d'une manière différente. Au dualisme rajeuni et « transfiguré » par des siècles de luttes dialectiques, opposons franchement la vieille et incoercible recherche de l'unité.

Comme un appoint utile pourra venir s'y joindre cette sorte d'athéisme que dans mon *Ancienne et Nouvelle Philosophie* j'appelai scientifique, mais auquel aujourd'hui, pour éviter l'ombre d'une équivoque, je préfère donner le nom de psychologique. Car la négation de Dieu se fonde bien moins sur les données de la mécanique, de la physique, de la biologie, assez incompétentes en cette matière, que sur les faits et les lois étudiés par la psychologie expérimentale. Cette façon d'être athée demeura absolument inconnue aux époques qui précédèrent la nôtre. Les plus fougueux matérialistes du dix-huitième siècle, par exemple, ne furent que des agnosticistes d'une secte différente de celles où se groupèrent les idéalistes et les sensualistes. Et de nos jours encore, l'athéisme des psychologues ne réunit qu'un nombre très limité d'adhérents. Il en est de lui, peut-on dire, comme de l'identité des contraires. D'universelle et de transcendante dans la vieille philosophie (Héraclite, Parménide,

Platon, Aristote, Plotin, Scot Erigène, Nicolas de Cues, Spinoza et surtout Hégel) cette thèse tend actuellement à devenir particulière, psychologique et, en ce sens, scientifique.

CHAPITRE V

DE L'IRRÉDUCTIBILITÉ INTERSCIENTIFIQUE

Dans l'échelle des grandes synthèses de la science, quelle place appartient à l'unité logique des choses? Comment se justifie la satisfaction qu'un tel monisme accorde aux besoins si variés de l'intelligence? Pourquoi, dans la plupart des cas, notre esprit se limite-t-il à constater le lien rationnel qui embrasse tous les ordres de phénomènes?

Certes, les parties supérieures de la science et la philosophie qui en coordonne les résultats, ne quittent guère le terrain de la pensée abstraite. Mais cela suffit-il pour expliquer les nombreux avantages qu'à chaque instant nous retirons de la synthèse logique?

Essayons de pénétrer la vraie nature du rapport qui s'établit entre l'unité rationnelle des choses, d'une part, et les divers essais monistiques tentés par les sciences positives, de l'autre.

Notre esprit peut s'absorber en l'observation d'un objet extérieur; il peut aussi se dédoubler, se contempler comme analysant ses états internes, ou comme examinant un phénomène externe. Dans ces diverses orientations psychiques, nous avons affaire, immédiatement, à des signes, à des images, à des sensations. Ainsi que le dit je ne sais quel philosophe, personne n'a jamais imaginé de monter sur ses propres épaules pour avoir de là une perspective plus étendue.

Ce truisme montre que l'esprit demeure toujours égal à lui-même, qu'il ne s'identifie pas avec la quantité, le mouvement, la chimicité, la vie. Mais puisque le nombre, l'étendue, le mouvement, etc., sont manifestement des produits de la pensée, cela veut dire encore que l'intelligence ne se résout point en une série de pures formes abstractives. La première conclusion n'est pas pour déplaire aux idéalistes, et la seconde aux matérialistes. Toutes deux prouvent une fois de plus l'extrême versatilité de la terminologie philosophique. Les adjectifs « matériel » et « spirituel » ne gardent aucune signification précise lorsqu'on en use pour différencier des choses essentiellement pareilles, telles que le « non-moi » et le « moi » [1].

Dans toutes les sciences, un afflux continu de phénomènes assiègent l'esprit et le sollicitent à remplacer leur foule par un petit nom-

---

1. « Les choses sont nos représentations des choses », — cet apophtegme usurpe la place de la formule tautologique qui, seule, exprime fidèlement la vérité : « Nos représentations des choses sont nos représentations ». Au contraire, l'hypothèse universelle qui s'affirme par la première proposition viole le principe d'identité $A = A$.

bre de symboles généraux. Les propriétés quantitatives, physico-chimiques, biologiques et « hyperorganiques » des choses se substituent ainsi aux choses elles-mêmes. Et chacune de ces idées abstraites se présente déjà comme un embryon d'unité, comme un monisme rudimentaire obtenu par la voie rationnelle. Notre pensée, d'ailleurs, traite les notions scientifiques à l'égal des phénomènes ou de leurs équivalents immédiats, de leurs signes abréviatifs : les sensations, les perceptions et les représentations élémentaires. Elle tend à les quintessencier, à en extraire des idées de plus en plus générales.

Le monisme scientifique coïncide nécessairement avec le monisme logique, — tel est le précepte qui peu à peu pénètre dans l'esprit du chercheur. Il n'existe point et il ne saurait exister d'autre liaison entre les choses, en dehors de leur connexion rationnelle.

Celle-ci s'étend à l'univers entier. Une vieille sentence dépouille la nature de toute logique pour la doter, en échange, d'un certain nombre de lois immuables appartenant au monde physique et au monde de la vie. Mais cet aphorisme ne dépasse guère les bornes de la philosophie pratique. Dans la théorie pure les lois scientifiques apparaissent toujours comme les produits d'une pensée réfléchie. Quand même nous le voudrions, nous ne pourrions établir entre les phénomènes un lien que la raison ne sanctionnerait pas.

Des doutes à cet égard pouvaient naître au temps où la logique des sciences, surtout sous sa forme inductive, restait livrée à l'empirisme aveugle. Mais cette période semble déjà close.

Les frontières du territoire accru de la connaissance fixent d'une manière exacte les limites du monde des idées. Par ses conquêtes sur la nature, la science a non seulement plié celle-ci aux règles de la raison humaine, elle a, en outre, croyons-nous, condamné sans appel la conception d'un univers inerte et sombre faisant subitement éclater, à son échelon extrême, l'intelligence la plus vive [1].

On nous objectera sans doute que le monisme interscientifique ne peut s'identifier avec le monisme rationnel pour un motif très simple. En effet, le fil logique de la première espèce d'unité se brise net devant les propriétés naturelles que l'on désigne sous le nom d'irréductibles. Au contraire, l'évolution de l'« unité de raison » s'achève toujours sans encombre. D'une abstraction à une autre, d'un genre inférieur à un genre plus élevé, elle nous mène jusqu'au pur concept d'existence.

L'argument semble irrésistible ; sur lui se base la distinction habituellement établie entre l'unité réelle du monde que beaucoup d'esprits considèrent comme chimérique, et son unité rationnelle, caractérisée, à son tour, comme factice et dénuée de valeur.

---

[1]. Une telle manière de voir favorisa le développement de l'anthropomorphisme aux premières époques de l'évolution mentale : ce paradoxe apparent cache une vérité sûre.

Nous voilà une fois de plus aux prises avec les pièges multiples de la théorie de l'inconnaissable. Car la doctrine qu'on nous oppose est virtuellement contenue dans tout agnosticisme qui se réclame de la science.

Mais passons sur cet aspect de la question. Qu'il nous suffise de remarquer que, présentée sous sa forme ordinaire, la preuve tirée de l'évolution interscientifique s'appuie sur un mésentendu évident.

Que reste-t-il, en effet, d'un tel « non possumus » dès qu'on prend la peine de traduire l'idée correspondante en termes de la logique formelle? Une pareille traduction s'impose pourtant à toutes les branches du savoir, même les plus empiriques, puisque toutes se bornent, en définitive, à recueillir des généralités, à remuer des abstractions. Mais, soumise à ce critérium, l'impuissance qui nous occupe signifie simplement ceci : aucune des propriétés dites irréductibles ne nous semble pouvoir évoquer une idée plus large ou plus compréhensive que les concepts servant à exprimer les autres attributs généraux des choses. Sans faire abus de l'hypothèse ou sans forcer les termes du langage, l'on ne saurait, par exemple, considérer d'ores et déjà l'existence organique comme un « sous-genre », une simple « espèce » de l'existence mécanique ou physico-chimique. Cependant une telle impossibilité n'a qu'un caractère conditionnel, temporaire, empirique. Elle n'offre rien d'absolu, de définitif, de rationnel. La faiblesse qui paralyse nos efforts pour réduire les propriétés vitales ou psychiques aux propriétés mécaniques, se distingue par là de l'incapacité qui nous accablerait sûrement, si nous cherchions à faire rentrer, comme une espèce dans son genre, l'idée d'animal, par exemple, dans celle de chien ou de cheval, ou si nous tentions d'affirmer que la notion d'existence pure forme un concept moins vaste que les notions de vie organique et d'existence inorganique. Dans le dernier cas, nous nous trouvons en face d'une question résolue une fois pour toutes. Dans le premier, nous nous heurtons à un problème dont les éléments ne se prêtent aux opérations de l'esprit que comme autant de matériaux bruts ou imparfaitement élaborés par la logique inductive.

Supposons, en effet, que le succès ait couronné les tentatives obstinées des chimistes s'efforçant à produire une cellule vivante par des procédés de laboratoire. La difficulté logique signalée plus haut eût alors bien vite changé de nature. Au lieu de nous déclarer dénués de ressources pour réduire, comme une espèce à son genre, la vie en ses éléments physico-chimiques, nous nous fussions jugés incapables de ne pas nous attribuer ce pouvoir. Ou bien, par supposition inverse, accordons que les travaux inductifs du savant aient fourni à la déduction du philosophe des données suffisantes pour conclure que jamais (à moins d'une perturbation totale dans l'économie des lois qui régissent notre mentalité) tel groupe de propriétés naturelles ne pourra se fondre en tel autre. Si peu probable que puisse nous paraître aujourd'hui cette hypothèse, une obligation manifeste en découlerait. Nous devrions, en effet, en déduire ce corollaire, que les propriétés irréductibles constituent des abstractions d'un même degré de généralité. La vie et le mouvement s'affirmeraient comme des concepts d'une équivalence parfaite, ne le cédant en rien à la synonymie, aujourd'hui à peu près admise, de la nature et de sa cause première.

Le monisme transcendant ou métaphysique demeura stérile pour une raison qu'on ne saurait trop faire ressortir. Il ne voulut pas se résigner à attendre avec patience les résultats du lent labeur inductif des sciences spéciales. Il donna donc un libre essor à la ratiocination déductive qui caractérise l'esprit philosophique. Et les conjectures particulières de la science

1. Cette solution s'offrirait comme strictement logique, puisque au sens que je viens d'assigner au terme « irréductible », deux molécules d'hydrogène, par exemple, ne peuvent jamais se résoudre l'une en l'autre.

ne tardèrent pas à acquérir cette marque d'universalité invérifiable qui permit de les ranger dans la catégorie des « connaissances pures ou intuitives », des vérités « dépassant la raison basée sur les sens ».

Mais un point surtout mérite de fixer ici l'attention. Contraints de choisir entre les deux hypothèses indiquées plus haut, les philosophes rejetèrent la première, à laquelle ne manquaient pourtant pas les suffrages des savants spéciaux. En revanche, on tâcha d'étendre et de généraliser la seconde, qui semblait prendre appui sur les résultats immédiats de l'expérience et qui flattait la sagesse vulgaire.

Une conséquence mémorable s'ensuivit. Les métaphysiciens devancèrent la consécration rationnelle que, seuls, les progrès effectifs du savoir eussent pu donner au fait brutal de l'irréductibilité interscientifique. Comme d'habitude, ils prirent le rêve pour la réalité et firent du but lointain un point de départ. Cependant, guidés par un flair dont on ne saurait trop admirer la sûreté, ils marchèrent droit à la conclusion qui était latente dans les prémisses acquises. Ils ne la dégagèrent pas complètement, mais ils la pressentirent dans ses grands traits. L'identité absolue de toutes les propriétés naturelles se vit du coup élevée au rang de postulat nécessaire. Et le matérialisme, l'idéalisme et le sensualisme devinrent les trois formules, différentes d'aspect, mais équivalentes au fond, dont on revêtit cette vérité prématurée, si on la juge en simple historien de la science.

En réalité, toutefois, les limites d'un monisme purement logique ne furent point franchies. L'esprit pouvait ramener l'universalité des phénomènes à la matière, à l'idée, à la sensation, il ne trouvait jamais dans la matière, l'idée, la sensation, à côté du concept d'« existence », un autre fond encore, une idée d'une envergure égale et qui ne fût pas la négation formelle de l'idée d'être.

La science et, corrélativement, la logique se renferment dans les réalités idéales. Mais celles-ci représentent des réalités sensibles qui subissent le contact immédiat des phénomènes tels quels, des choses en soi. Que l'on permette une comparaison nous ayant déjà servi. Le monde des noumènes, le monde des sensations brutes et le monde des idées conscientes peuvent s'assimiler à trois cercles concentriques. Par quels procédés, en vertu de quelles conditions premières, à l'aide de quelle attirance ou « endosmose cosmique » le contenu du cercle extérieur (nature) s'infiltre-t-il dans la sphère intermédiaire (organismes vivants) où il se transforme en sensations qui, à leur tour, se concentrent et se groupent dans le noyau ultime et central (raison, aptitudes logiques)? Le savoir exact ne nous fournit pas le mot de l'énigme [1]. On ne saurait, en tout cas, mettre en doute la

---

[1]. Voir mon article dans la *Revue philosophique*, mai 1891 : « Un point controversé de la connaissance »; ou mon livre sur *l'Agnosticisme*, chap. V.

double résultante de ce processus inconnu : l'action de l'univers sur notre entendement (connaissance) et la réaction de notre entendement sur l'univers (activité pratique).

La pénétration des choses dans l'esprit, d'où surgit la connaissance, et la pénétration de l'esprit dans les choses, qui se traduit par l'action, suivent, croyons-nous, une loi commune. Les choses et l'esprit traversent dans ce but un milieu semblable. Le problème, par malheur, s'obscurcit grâce à une méprise aussi vieille que la philosophie. Les conditions de la connaissance se conçoivent comme des bornes au delà desquelles commence le mystère qui nous demeure à jamais fermé. Mais faire sortir l'inconnaissable des conditions du savoir, cela se peut-il sans raisonner à faux, sans opposer entre eux des termes préalablement vidés de leur substance réelle ? On ne saurait justifier cette extension de la loi de contraste ou de corrélativité. Gouvernant les concepts spécifiques, les abstractions d'un degré inférieur, elle ne doit pas pouvoir s'appliquer aux concepts ultra-génériques, aux abstractions du suprême et dernier degré [1].

1. Voir à la fin du volume la note A : *Sur l'unité logique*, et aussi la note B : *Sur les transformations de la philosophie*.

CHAPITRE VI

LE PRINCIPE DE L'INCONCEVABILITÉ DU CONTRAIRE SIMULTANÉ ET LA LOI DE L'IDENTITÉ DES OPPOSITIONS GÉNÉRALES

Tâchons de mieux comprendre, d'approfondir le problème qui nous occupe. Pour cela il importe de considérer les liens intimes qui semblent unir la règle de « l'inconcevabilité du contraire » à la loi de « l'identité des oppositions surabstraites ».

Le fondement psychophysique du principe qui gouverne la raison humaine (ou de l'équation $A = A$) paraît résider dans le fait de l'indissolubilité dont s'accompagnent certains groupements d'états de conscience. Selon les doctrines de l'école expérimentale moderne, si A est toujours A, et ne devient jamais pour nous, simultanément, sa négative, cela provient de ce que A s'offre à l'esprit comme une somme d'états conscientiels inséparables les uns des autres. Nous appelons unité cette multiplicité indivisible. Et, de nos vains efforts pour briser une telle liaison, surgit un état mental, une sorte d'émotion intellectuelle désignée précisément par le nom « d'inconcevabilité du contraire ». Le principe qui commande la logique se réduit ainsi à un fait cérébral des plus simples.

Mais l'esprit humain, s'aidant de la science exacte, est plus d'une fois déjà parvenu à concevoir ce qui lui semblait d'abord absurde ou illogique. Toutes les branches de la connaissance, tous les ordres de phénomènes, la nature morale aussi bien que la nature physique, le monde des idées abstraites et le monde

des formes concrètes, abondent en anciennes
« inconcevabilités » de cette sorte. Toutefois,
nos découvertes expérimentales ne sauraient
diminuer la certitude attachée à la loi d'identité, — norme si précieuse de la raison qui lui
sert à transformer le multiple objectif en l'un
subjectif. Nos meilleurs efforts se bornent ici à
transposer, pour ainsi dire, l'unité, à la transférer du composé à ses éléments.

Des conjonctures pourtant se présentent où
notre conscience, quoique placée en face d'états
inséparables, n'aperçoit pas clairement le caractère psychophysique d'une telle connexité.
Guidés par l'habitude, nous continuons à faire
des oppositions, nous affirmons et nous nions.
Le langage abstrait se prête avec facilité à cette
imitation de méthodes légitimes et utiles alors
seulement qu'on possède le pouvoir réel de dissocier les choses, de distinguer les faits. *A*
(l'affirmation) suscite ainsi *non-A* (la négation)
d'une manière formelle ou verbale.

De tels cas naissent fréquemment dans la

pensée générale et abstraite. Ils sont régis par une loi logique à laquelle sied encore ce nom paradoxal, — *la loi de l'identité des contraires.*

Que doit signifier, au juste, cette loi d'après laquelle le monde, par exemple, se conçoit comme identique à sa propre négation ? En y recourant, peut-on se flatter d'expliquer d'une manière satisfaisante ce qui naguère encore semblait absolument incompréhensible, sinon même arriver à exclure, pour beaucoup d'esprits, tout autre mode démonstratif ?

Le paradoxe sur l'identité des opposés — on s'en convainc sans peine — n'est qu'un développement ultérieur et plus profond de l'axiome qui proclame « l'inconcevabilité du contraire simultané ». La formule algébrique $A = A$ reste éternellement vraie. Mais en tant que formule pure, elle abrite ou recouvre certaines illusions qu'une psychologie positive, basée sur la biologie et la sociologie, doit prendre à tâche de dissiper.

Toutes les disjonctions réelles de nos états

de conscience aboutissent à des affirmations et à des négations également réelles et justiciables de l'expérience. Nous affirmons et nous nions par là l'existence d'espèces logiquement réductibles en genres supérieurs, et qui nous mènent à des généralités de plus en plus hautes. Mais celles-ci s'offrent à leur tour soit comme susceptibles encore, en fait, d'analyse et de réduction, soit comme autant d'indissolubilités psychophysiques. Et ce dernier cas nous met en présence des symboles les plus abstraits que notre esprit puisse concevoir à certaines époques et dans certaines conditions de la connaissance.

D'autre part, en vertu du principe même de l'inconcevabilité du contraire simultané, les « indissolubilités » effectives de nos états conscientiels peuvent aussi bien se définir : des « séparations » irréalisables. Rien d'étonnant, par suite, à ce qu'elles nous entraînent vers des affirmations et des négations imaginaires ou, en d'autres termes, à ce qu'elles nous induisent à reconnaître d'une façon immédiate l'identité de deux propositions qui semblent se contredire formellement [1].

Dans les grandes synthèses qui s'appellent l'univers, la nature, l'objet, le connaissable, nous possédons des échantillons curieux d'une indissolubilité psychique, à la fois temporaire et conditionnelle, qui embrasse un nombre indéfini d'états mentaux. Et ce lien persiste autant que dure notre volonté de signifier par de pareils termes l'idée de totalité parfaite, c'est-à-dire, au fond, l'idée elle-même de l'indissolubilité. Vaincre ou briser cette cohérence sans sacrifier en même temps l'idée d'unité, nous est impossible. Néanmoins, conserver quand même l'intégrité intellectuelle déjà dédoublée par le fait, fut ce à quoi s'efforcèrent les philosophes

---

1. Les « séparations » et les négations effectives produisent un résultat semblable d'une façon indirecte, à l'aide d'une série ininterrompue de généralités de plus en plus vagues qui, cependant, culminent toujours en un concept irréductible, en une « indissolubilité » certaine de nos états de conscience.

qui opposaient à l'univers, à la nature, au connaissable, leurs vaines négations, les idées de Dieu, de surnaturel, d'inconnaissable.

Le néant et le surnaturel ne sont encore que de l'être et du naturel. Secrètement professée par quelques penseurs isolés, cette vérité fut vaguement pressentie par le grand nombre. On l'exprima d'une façon implicite en reléguant Dieu et ses divers synonymes dans le domaine de l' « Inconcevable ».

La transcendance, qui enclôt les entités d'un cercle magique, retenait sans nul doute, aux yeux de nos prédécesseurs, un caractère purement intellectuel. Mais on ne la ramenait pas à ce fait cérébral élémentaire, l'indissolubilité, vraie ou fausse, apparente ou réelle, de certains états psychiques. Cette « inconcevabilité » devint par suite le noyau central autour duquel se cristallisèrent diverses formations d'éthique individuelle et sociale trop connues, en vérité, pour qu'il soit indispensable d'en donner ici la nomenclature. Elles se retrouvent d'ailleurs et se résument presque toutes dans les enseignements de l'agnosticisme contemporain. Mais à l'examiner de près, la nouvelle doctrine apporte son témoignage aux vues par nous exposées. Elle prouve une fois de reste l'inutilité des efforts tentés pour dissoudre l'une des plus importantes « associations » entre nos états conscientiels. Je veux parler de la cohérence mentale qui nous oblige à penser que l'univers, considéré dans son ensemble, ne peut pas simultanément *ne pas être* ce même univers indivisible; en sorte que tout ce que nous opposons à la nature comme son contraire ou sa négation, se résout, finalement, en cette même nature, unifiée, à défaut de notre savoir, par notre ignorance. S'il se commente de cette manière, s'il se débarrasse des voiles mystiques qui l'enveloppent, l'agnosticisme confirme, à son tour, par la méthode de la réduction à l'absurde, la vérité du monisme logique.

Dans l'exemple cité, il s'agissait d'un concept (l'univers, l'être, l'existence) que la philosophie emprunte, comme toute autre matière traitée par elle, à la science spéciale. Aux sciences physiques elle prend les faits externes, à la science psychologique, les faits internes. Mais ces deux ordres d'événements s'accompagnent, dans l'échelle entière du savoir, de nos idées générales, de nos concepts abstraits. Ceux-ci doublent, pour ainsi dire, les grands groupes de réalités correspondantes. Écarte-t-on les concepts, les relègue-t-on au second plan, pour ne parler que de faits mathématiques, physiques, chimiques, biologiques, sociologiques? — on rend ainsi justice à la multiplicité des choses. Quant à leur unité, elle se laisse nécessairement ressaisir sous les schémas abstraits et symboliques qui tous rentrent dans la classe des faits internes étudiés par la psychologie. Or, de tels faits sont ce qu'il y a de plus particulier et de plus complexe au monde. Aussi, et en vertu de la loi de l'identité des contraires, deviennent-ils, à un moment donné et dans certaines conditions, ce qu'il y a de plus universel (général) et de plus simple [1].

Selon une formule naïve de l'idéalisme allemand, de l'idéalisme hégélien surtout, « il n'y a rien au monde en dehors du *fini*, de *l'infini* et de leur *rapport* ». Certes, l'univers est entièrement rempli par l'univers qui forme son seul objet réel. Mais dans l'esprit humain, appelé à concevoir le monde — et précisément en raison de cette fonction que les poètes assimilent à une lumière physique — le contenu mondial, à mesure qu'il force l'entrée de notre conscience, projette une ombre large, envahissante. Pourquoi opposons-nous ce reflet de la nature à la nature, et cela non seulement comme quelque chose qui s'en sépare ou comme sa négation, mais fort souvent encore comme quelque chose de plus important, de plus essen-

---

[1]. Auguste Comte avait obscurément entrevu cette vérité d'ordre subjectif lorsqu'il formula sa doctrine sur l'universalité de la méthode sociologique. Mais il ne scruta pas les raisons d'une telle prépondérance et n'osa point affirmer la simplicité supérieure du point de vue par lui préconisé.

tiel que la nature elle-même? Une psychologie mieux informée que la nôtre renseignera là-dessus nos successeurs. On peut, au reste, appeler comme on voudra cette tache obscure dans le foyer mental où se concentrent les réfractions universelles, on peut lui donner le nom de fini ou d'infini, — une chose semble dorénavant certaine : le rapport entre le premier de ces termes et le second, entre l'*en-dedans* de l'univers et son *en-dehors*, ne peut être qu'un rapport d'égalité parfaite.

CHAPITRE VII

LE CONCEPT DE QUANTITÉ. MONADES ET PSEUDO-MONADES

Examinons le problème monistique sous un autre de ses aspects multiples.

Le monisme purement quantitatif a souvent arrêté l'attention des penseurs. Sans remonter aux vieilles théories d'une interprétation douteuse, rappelons les efforts en ce sens des grands mécanistes des xviie et xviiie siècles. Plus proche de nous, Auguste Comte fut aussi un moment tenté par cette solution simpliste en apparence.

Néanmoins, Comte et ses disciples reculent encore d'instinct devant des recherches où, quoi qu'on dise, la psychologie et la théorie du savoir se trouvent engagées d'une façon directe. Mais cette méfiance des anciens positivistes ne saurait aucunement se justifier aujourd'hui. Le danger est ailleurs. Il ne consiste plus tant à soulever un problème d'une maturité contestable qu'à faire, de propos délibéré, le vide autour de la question, qu'à s'abstenir de la discuter.

Voyons donc comment peut se poser, sinon se résoudre, à l'heure actuelle, le problème qu'effleura, pour aussitôt l'abandonner, l'un des plus grands esprits de ce siècle.

La *quantité* et ses proches synonymes, le *nombre*, la *multiplicité*, la *pluralité*, forment, sans nul doute, la *qualité* que nous conférons le plus généralement aux choses, le caractère dont nous parons constamment toute existence. Cet attribut nous semble *donné*, dans nos diverses sensations, comme leur point de départ, leur fondement, leur condition inéluctable.

On voit par là combien il est superficiel de prétendre que les « noms » et les « qualités » constituent le langage humain, tandis que le « nombre » et la « mesure », ce qu'on appelle l' « alphabet mathématique », sont le langage propre de l'univers. Non certes, la langue du calcul est encore profondément humaine, d'autant plus humaine, dirais-je volontiers, qu'elle est plus générale et plus abstraite. Ce trait seul la différencie de la langue des noms et des attributs qualificatifs; et cela suffit pour lui assurer la suprématie scientifique. Du reste, ce dilemme s'impose déjà à tout esprit méditatif : ou bien les qualités que nous attribuons aux choses existent en celles-ci comme elles existent en notre for mental, au regard de notre conscience; ou bien rien n'est dans les choses, pas même le mouvement, abstraction du même genre que le temps, l'espace, la force, la cause.

Mais ne nous laissons pas troubler davantage par l'argument devenu, à son tour, vulgaire et banal, qui consiste à dire que le son, la couleur, la lumière, toutes les généralisations mitoyennes entre le mouvement d'une part, et la masse confuse des sensations concrètes de l'autre, n'existent pas réellement dans les corps. Cette vérité équivoque ne nous enseigne pas grand'chose, à moins qu'elle ne nous apprenne que Pierre (le nom) n'existe pas dans Pierre (l'homme). Écartons-la et poursuivons notre route sans nous autrement soucier de cette scolastique relativiste qui n'a de moderne que l'enseigne.

Selon la juste remarque d'un philosophe anglais, M. Henry Clay [1], la quantité (ou pluralité) peut être de deux sortes : voilée ou manifeste, *latente* ou *actuelle*. Mais la quantité voilée constitue précisément la propriété ou qualité que nous nommons l'*unité* des choses, et la quantité actuelle, la propriété ou qualité à laquelle s'attache seule, d'ordinaire, l'appellation de *pluralité*.

La terminologie usuelle semble donc inapte

1. Dans son traité intitulé : *L'Alternative*.

à exprimer l'amplitude de la pensée analytique et critique. La quantité n'aurait jamais dû pouvoir se confondre avec la multiplicité. Elle n'eût dû servir qu'à désigner le genre suprême enserrant deux espèces : l'unité ou pluralité latente, et une autre espèce, la pluralité actuelle. Mais la langue paraît subir ici une loi générale exposée par le même auteur : elle prend le nom du genre pour signifier l'espèce qu'elle met en contraste avec une seconde espèce du même genre. Et cela occasionne de nombreuses illusions mentales qui nous poussent à croire que nous avons affaire non pas à des variétés de la même classe, mais bien à des classes irréductibles entre elles.

Une remarque analogue s'applique aux concepts si discutés encore de *nécessité*, de *causalité* et d'*identité*. La nécessité semble devoir instaurer le vrai genre suprême renfermant deux espèces : 1° la succession invariable (appelée aussi causalité, nécessité physique, déterminisme) qui ne serait que de l'identité masquée;

et 2° une autre espèce, l'identité actuelle (appelée aussi nécessité logique et, quelquefois, finalité). On découvre par là le vide de certaines disputes auxquelles s'attribue une portée démesurée. La chose « activement pensante » est soumise par évidence, en tant que matière et fonction cérébrales, à toutes les conditions inhérentes aux choses que nous lui opposons comme « passivement pensées ». Pourquoi alors s'émerveiller de la coïncidence entre les résultats de la pensée formelle (les mathématiques, la logique) et les lois les plus générales de la nature décelées par l'expérience ? L'étonnement profond où cette rencontre « providentielle » du sujet et de l'objet plongea Kant, se comprend à son époque. Mais le même parallélisme perd aujourd'hui sa valeur d'énigme insoluble [1]. La nécessité logique devient simplement une autre face (envers ou endroit,

---

1. Enigme que Kant, soit dit en passant, essaya néanmoins de résoudre par cette hypothèse unilatérale : la raison dicte à la nature ses lois.

selon le point de vue de l'observateur) de la nécessité physique ou mécanique [1]. Toute transcendance, c'est-à-dire tout dualisme, se dissipe, et la raison humaine, renonçant à la chimérique ambition qui la différenciait, en essence, de l'objet pensé, recouvre sa pleine et entière souveraineté. De celle-ci le monisme logique demeure la plus haute expression.

Quoi qu'il en soit, d'ailleurs, il semble permis de regarder l' « unité » comme un pur aspect de la « quantité » (ou pluralité), comme une simple modification de cette qualité universelle et fondamentale. Il paraît probable, en outre, que la transformation subie par le concept de quantité appartient surtout à l'ordre psychique en tant qu'on peut le séparer de l'ordre extra-psychique (le subjectif et l'objectif des philosophes). En ce sens, nous devons définir l'unité et la pluralité *deux formes essentielle-*

---

[1]. Et la finalité peut justement se comparer à ces bulles de savon que la grammaire, selon le mot de Taine, crève d'un coup d'épingle ; car, ainsi qu'on l'a dit, si tout est nécessaire, rien n'est inutile.

ment mobiles et transposables l'une en l'autre d'un seul et même acte perceptif ou conscientiel [1].

Arrivés à ce point, nous sommes induits à supposer deux cas bien distincts : 1° Notre esprit déguise, d'une manière plus ou moins consciente, dans ses abstractions, la pluralité. 2° Il trouve celle-ci déjà dissimulée dans la nature. Il peut éviter quelques degrés inférieurs dans la généralisation des phénomènes ; il a affaire à des synthèses toutes prêtes, à des agrégats naturels.

Le second cas, très fréquent, a, selon toute probabilité, servi de modèle et de prototype au premier. Apercevant partout autour de lui des synthèses déjà réalisées (abstraction faite du rôle joué dans la formation des idées correspondantes par certains groupes d'illusions temporaires de l'esprit), l'homme imite, copie

---

1. J'ajoute que cette définition pourrait peut-être, dans un ordre voisin d'idées, convenir aussi bien aux concepts de temps et d'espace.

où contrefait la nature. Usant de procédés semblables, il crée des agrégats plus ou moins artificiels.

Les unités naturelles sont toujours des sommes, des pluralités voilées. Elles se distribuent principalement en deux classes : 1° les *monades* qui ne se présentent point à l'esprit avec le caractère de totalité (non pas, comme le croit M. Clay, auteur de cette division, parce que ces phénomènes ne sont pas des sommes, mais parce que nous n'en distinguons pas avec clarté les parties constituantes, parce que nous ne savons pas les réduire à leurs éléments : ainsi de l'atome, de la sensation simple, de l'idée pure, etc.); et 2° les *pseudomonades* ou agrégats naturels (une pierre, un fleuve, un homme, etc.).

Mais les unités créées par la science et la philosophie ne peuvent jamais non plus être autre chose que des sommes plus ou moins bien dissimulées, que des synthèses, des formules où l'attribut primordial, considéré *sub specie plu-*

ralitatis, se trouve à l'état latent, potentiel, telle une force retenue et neutralisée par la force contraire.

Dès lors l'unité absolue ou transcendante des métaphysiciens s'indique comme une pure chimère. Elle ne vaut guère mieux, en vérité, que l'hypothèse pour laquelle la quantité aurait totalement disparu du monde. La philosophie scientifique ne peut se proposer de défigurer à ce point l'univers qu'elle a pour mission de comprendre et d'expliquer.

Les sciences spéciales et la synthèse où elles se résument en une conception homogène de la nature et de l'homme, n'admettent aucune « transcendance », aucune rupture du lien rationnel qui contourne, qui étreint tous les ordres de phénomènes, qui du chaos de nos impressions et, plus tard, de nos connaissances tire un ensemble clair, distinct, proportionné, harmonieux. Aux yeux d'une telle philosophie, c'est un besoin de l'esprit que de voiler la quantité, que d'ignorer la multiplicité. C'est un moyen, un procédé auquel nous recourons perpétuellement pour nous retrouver et nous orienter au milieu de la masse confuse des sensations, pour en diminuer, au prix d'un semblable artifice, le nombre accablant.

Multiplier les faits, les analyser, les diviser et les subdiviser, chaque science voue à ces opérations la meilleure part de son effort. Mais en poursuivant ce dessein, le savoir se heurte contre les pseudo-monades et les monades qui retardent sa marche. La rencontre avec les pseudo-monades, les agrégats de phénomènes, se manifeste d'une façon constante dans les premières périodes du développement scientifique et souvent aussi dans les disciplines qui n'ont pas atteint leur pleine maturité. Pour citer un exemple connu, la psychologie contemporaine ne réussit encore que très rarement à décomposer en faits psychiques élémentaires les agglomérats concrets qu'elle étudie ; une impuissance égale s'attache aux essais de la sociologie. Le second cas, la rencontre avec les monades, apparaît aujourd'hui comme la règle générale dans les sciences positives qu'arrêtent seules les unités telles que le mouvement, la sensation, l'idée. Mais qui pourrait nous assurer contre l'erreur subjective : ces unités sont-elles des monades véritables, ou bien des pseudo-monades très complexes appartenant à la même sphère inexplorée du savoir psychologique?

Il est évident, d'ailleurs, que plus la science multiplie le nombre des faits par elle étudiés, que plus elle les distingue, les divise et les subdivise, et plus vite aussi elle arrive à tel ou tel concept-limite (monade ou pseudo-monade) qui clôt momentanément sa course vers l'identification finale. La même idée peut s'exprimer d'une autre façon encore. Plus une branche donnée de la connaissance s'approche du type de science réalisé par les mathématiques, en tendant à devenir elle-même un savoir quantitatif, et plus sûrement elle atteint, dans ses limites propres, l'unité qu'elle recherche. Il semblerait donc que nous assistions, dans la sphère des événements intellectuels, au retour, à la répétition exacte de ce qui se passe dans le domaine des faits physiques et physiologiques où tout mouvement est suivi d'un temps d'arrêt, et tout effort d'un sentiment de fatigue [1].

1. Alors que nous nous imaginons poursuivre ou même atteindre l'un, l'identique, l'indivisible, peut-être, en réalité, poursuivons-nous et atteignons-nous le multiple, le différent, le divisible; et *vice versa*. Cette double illusion a joué un rôle considérable dans l'histoire de la pensée humaine. On peut la désigner aussi comme l'illusion du concret et de l'abstrait, ou, proprement, du passage de l'un à l'autre, passage tout semé d'écueils logiques et qui attira plus d'une fois l'attention vague des philosophes. Aujourd'hui il s'agit de reconnaître, d'une façon précise, la véritable nature de ces obstacles.

CHAPITRE VIII

LE CONCEPT DE LIMITE ET LA RELATIVITÉ
DU SAVOIR

Le savoir humain est quantitatif par sa nature.

La quantité forme l'attribut universel des choses, la qualité qui les fait apparaître à nos yeux comme unes et multiples : soit unes et multiples successivement, d'où les concepts de temps, de force, de conscience; soit unes et multiples de façon continue, d'où les concepts d'espace, de masse, de matière.

Or, si elle analyse ou divise les divers attributs des choses qu'elle observe et examine, la science cherche toujours aussi à les synthétiser, à les généraliser, à les unifier. Savoir et compter, mesurer, constituent donc, à quelques nuances près, des expressions synonymiques.

Mais le concept de quantité contient, et, partant, engendre le concept de *limite*. Et sur celui-ci repose, en dernier lieu, la science de l'espace qui est aussi celle de la matière.

L'espace multiplié ou divisé fait naître la notion de *confins* entre ses parties ainsi présentées à l'intelligence. Les géomètres appellent ces frontières des surfaces. Multipliée ou divisée à son tour, la surface produit une nouvelle démarcation, la ligne; et la ligne, traitée par les mêmes procédés, aboutit au point indivisible par définition.

Ainsi, un processus simple et fondamental de l'esprit, l'analyse qui multiplie le nombre des unités sensibles ou intelligibles, conduit le savoir quantitatif à la notion de trois mesures ou dimensions spatiales, de trois grands types de frontières qui, pour nous, embrassent et renferment toute chose.

N'importe quelle borne, n'importe quel concept-limite sera désormais, dans n'importe quelle science, fidèlement calqué sur ce schéma primordial et générateur. Désormais, partout où l'on analysera et divisera, partout où l'on cherchera à dévoiler la face changeante de l'univers, à chaque pulsation, dilatation ou diastole de la pensée, celle-ci se retrouvera devant des obstacles conventionnels et abstraits qu'elle aura créés elle-même.

En revanche, partout où, généralisant et abstrayant, on essaiera de ressaisir l'unité, sinon l'identité des choses, à chaque pulsation inverse, à chaque concentration ou systole de la pensée, celle-ci, si elle se meut en liberté et se garde pure de la fraude logique, abattra comme un jeu de cartes les cloisons idéales du multiple.

Indispensables pour assurer la marche du

raisonnement analytique auquel elles servent de points de repère, ces imaginations, dont le modèle nous fut fourni par la science primitive, ne purent jamais sérieusement entraver l'essor de la pensée synthétique.

La science-mère elle-même démontre cette vérité avec la plus grande évidence. En effet, comme correctif de l'idée de limite qu'elle intronisait dans l'esprit humain et dans le savoir, la mathématique inventa la négation directe de cette idée, le concept de l'infini.

Mais avoir trouvé ce contrepoids ne lui suffisait pas sans doute. Par une ironie involontaire à laquelle les relativistes des anciennes écoles demeurent insensibles, la science des bornes-types et des limites pures s'empressa d'appliquer à celles-ci la notion même qui semblait devoir les détruire. Les frontières de l'espace tel quel, les surfaces, et les frontières de ces frontières, les lignes, se conçoivent aisément, sinon nécessairement, comme illimitées ou infinies. Elles ne bornent ni ne séparent rien en dehors de la convention qui les fit germer dans l'esprit et les rendit d'un coup acceptables à l'intelligence.

Seule, la limite ultime de toutes les limites et, par suite, de tout espace, de toute matière, de toute réalité, le point, déroge à la règle commune et ne peut simultanément s'affirmer et se nier, se concevoir comme fini ou borné, et comme infini ou illimité. Mais le point ne représente et ne symbolise-t-il pas l'unité dans la multiplicité environnante, représentée et symbolisée, à son tour, par les lignes et les surfaces? N'est-il pas d'ailleurs, par définition, l'indivisible, la chose qui ne comporte plus de bornes d'aucune sorte, le fini perdu dans l'infini et, si l'on aime mieux, l'infini réel, l'abstrait pur?

Une double conclusion me semble pouvoir se déduire des prémisses que je viens de poser.

1° Le multiple, le divisible, ou, en d'autres termes, l'univers que la science réclame pour domaine propre, ne possède pas de bornes effectives. Cette proposition est généralement reçue aujourd'hui.

2° La connaissance du multiple, du divisible rentre elle-même dans la classe du multiple, du divisible. La science humaine forme une partie intégrante de l'univers qu'elle étudie. On peut la comparer à la lumière qui éclaire les corps et que personne cependant n'exclut pour ce motif de l'ensemble cosmique. Mais alors comment admettre un monde sans bornes et un savoir strictement limité de ce monde? La multiplicité du monde serait-elle donc différente par essence de la multiplicité du savoir?

Il ne s'agit pas ici d'un vain jeu de mots, facile à réfuter à l'aide de la distinction spécieuse, bien que devenue banale, entre le tout et ses parties. Car ce n'est pas à la multiplicité en bloc que nous accordons de prime abord la valeur infinie, mais bien à la multiplicité partielle, à n'importe quelle surface ou série de lignes, et à n'importe quelle ligne ou suite de points.

On ne saurait non plus arguer de la nature purement abstraite de tels ensembles. Car tout savoir offre le même caractère. D'ailleurs les abstractions dites géométriques se retrouvent dans chaque ordre de connaissances. Ce que le grammairien appelle un « nom commun » joue déjà dans le langage ordinaire le rôle exact tenu en géométrie par la surface ou la ligne. Ces noms marquent les espèces dans le genre universel qui contient les variétés, comme les surfaces et les lignes délimitent les portions de l'espace dans le vaste total qui renferme les divisions.

Les dénominations scientifiques subissent la même loi. Elles servent à distinguer, en les limitant, les groupes dits naturels bien que, en vérité, ils soient toujours conventionnels. L'emploi que l'on fait de ces termes les assimile aux procédés abstractifs spontanément imaginés par les premiers mesureurs de choses. Les lignes qui clôturent la multiplicité *spatiale* uniforme peuvent se prolonger sans interruption; elles donnent ainsi naissance à l'idée d'infini. Les abstractions qui clôturent la multiplicité spatiale occupée par la foule toujours *successive* de nos sensations, possèdent aussi ce pouvoir. Graduellement extensibles et généralisables, elles nous mènent au concept universel d'existence, ce synonyme abstrait du monde sans bornes, de l'infini lui-même.

Enfin, une fonction analogue appartient, en philosophie, aux concepts sagement notés comme limitatifs. Les notions de Dieu, de matière, d'esprit, d'essence, etc., aident le penseur à construire ses figures idéales et souvent fantastiques. Par ces jalons, lui aussi prétend déterminer à jamais sa connaissance du monde. Et un troisième indice vient parfaire la ressemblance entre les grandes abstractions du philosophe et les lignes du géomètre. Avec non moins d'efficacité que ces lignes, les concepts-limites placent l'esprit en contact immédiat avec leur négation, l'illimité ou l'infini. Ici, du reste, comme partout ailleurs, les idées limitatives suscitent l'infini non pas malgré, mais en vertu même de leur office restrictif.

Appliquons d'une manière plus directe les résultats obtenus à la thèse de la relativité nécessaire du savoir.

Une idée obséda de tout temps et finit par maîtriser le cerveau de l'homme vulgaire à l'égal des cerveaux de l'expérimentateur scientifique et du philosophe : l'idée de division, de frontière, de limite. Mesurer, c'est limiter, et savoir, c'est mesurer. D'où cette conclusion superlativement légitime : limiter, c'est savoir.

La séparation insinue la dualité, et ensuite la multiplicité. A elle aussi se rattachent les idées de nombre et de rapport qui toujours dominèrent la science. On peut donc s'étonner à bon droit qu'il ait fallu tant de siècles pour consacrer la doctrine de la relativité de toute connaissance.

Mais l'idée de limite ne sert pas seulement à fermer l'horizon. Elle sert aussi à l'ouvrir. Elle indique l'au-delà, elle le désigne, elle le qualifie. Rien de plus naturel, en somme, puisque, seule, elle lui donne naissance. L'au-delà n'existerait pas sans l'en-deçà, et l'infini sans le fini.

L'unité encore ne se pense que devant la pluralité. On a dit dans un langage vague que l'unité, en se brisant ou s'émiettant, produisait la multiplicité. Mais la thèse contraire se défend avec non moins de bonheur. Car la pluralité bornée de toutes parts devient par là même unité. L'opposition du fini et de l'infini conduit à des résultats identiques. La question de savoir lequel des deux concepts engendre ou précède l'autre demeure oiseuse. Elle peut se résoudre indifféremment dans les deux sens. D'où cette conclusion que la logique rend inévitable : un troisième concept prépare et règle l'apparition simultanée du couple d'idées qui, en vertu de leur nature contradictoire, se conditionnent entre elles et s'évoquent mutuellement.

Nous voilà ainsi derechef ramenés au concept de limite. Limiter, c'est imaginer à la fois l'un et le multiple, l'infini et le fini. Ces deux contraires, d'ailleurs, s'enchevêtrent d'une façon à peu près inextricable et, finalement, s'évanouissent chaque fois que de la sphère du relatif, où ils trouvent une vérification immédiate, nous passons dans le domaine de l'abstraction pure. En effet, et ainsi que nous l'avons déjà remarqué, l'*un* qui s'oppose abstraitement au *multiple* ne se conçoit-il pas aussi bien comme l'indivisé ou l'espace indivisé, la chose sans limites, et comme le clôturé ou l'espace absolument fermé, rigoureusement séparé de tout ce qui l'entoure?

Le soc qui trace et ouvre le sillon n'est pas pour cela de sa nature, que je sache, ouvert ou fermé. La connaissance qui applique heureusement et met en œuvre l'idée de limite, qui analyse, sépare, et puis réunit, synthétise, n'est pas non plus pour cela, de sa nature, limitée ou illimitée. Ni de la science, ni de l'esprit humain, ni de l'instrument, ni de l'ouvrier, on ne devrait jamais soutenir, soit qu'ils ont des bornes, soit qu'ils n'en possèdent point. Certes, l'un et l'autre, l'instrument et l'ouvrier, peuvent, à leur tour, former la matière d'une connaissance spéciale. Une pareille étude fut ardemment poursuivie à toutes les époques. Elle constitua même, quoique d'une façon illicite, le grand objet de la philosophie. On fit à la science, dans la théorie du savoir, et à l'esprit, en psychologie, ce qu'on avait fait, dans les disciplines exactes, à la nature. On les limita par les procédés tant de fois employés de l'analyse et de la synthèse.

Mais le même succès ne couronna pas ces deux tentatives parallèles. Très profitable aux sciences de la nature, l'usage de l'idée de limite se montra à peu près stérile dans le cas de la théorie de la connaissance aussi bien que dans celui de la psychologie. Ces divisions du champ scientifique, tout le monde en convient aujourd'hui, furent déplorablement cultivées. Je n'ai pas besoin de dire ici le pourquoi complexe, ni le comment. A l'heure actuelle, du reste, personne n'en ignore. Mais on me permettra de faire valoir une conséquence inattendue de l'évolution en partie double où s'utilisa différemment le concept de limite.

Disséquée dans tous les sens, analysée sous toutes ses faces, la nature sortit victorieuse de l'épreuve. Par les mathématiques, par la mécanique qui en est la première extension, par la physique, par la chimie, par la biologie qui, toutes, bâtirent sur la même assise et s'inspirèrent des mêmes principes, le concept primordial de limite reçut un développement complet et, pour ainsi dire, bilatéral. Ses deux aspects, le fini et l'infini, demeurèrent intacts. L'unité ne fut pas absorbée par la multiplicité, ni l'abstrait, quoi qu'on ait dit, sacrifié au concret. Aussi l'Univers des savants conserva-t-il toujours sa pleine élasticité conceptuelle. Il garda cette double et précieuse caractéristique qui nous le fait apparaître comme conventionnellement borné quand on l'examine dans telle ou telle de ses parties, et comme illimité quand on le considère dans son ensemble ou même chaque fois que notre esprit, se débarrassant des modes logiques du concret, atteint l'abstrait pur (concepts de matière, de force, de mouvement, etc.).

Un spectacle différent nous frappe dans la série parallèle, la série « mentale » restée indépendante des méthodes quantitatives. Ici, pas de vraie science, ou un savoir prématuré, régi par les mots, grouillant de sophismes, ouvert à toutes les illusions et inapte à corriger ses moindres erreurs. Dans ce milieu, donc, évolua le concept fondamental auquel les mathématiques doivent leur existence, et, par les mathématiques, la chaîne entière des disciplines objectives.

Aussi les deux corollaires de ce concept, les idées de fini et d'infini, ne tardèrent pas à revêtir, en psychologie et dans la théorie de la connaissance, des formes que j'oserai qualifier de monstrueuses ou tératologiques. On s'embrouilla dans l'opposition factice du fini et de l'infini, de l'un et du multiple, qu'on prit pour une antinomie réelle ou même préexistante à l'esprit qui l'avait enfantée (*l'apriori*). On disserta misérablement sur des sujets clairs en eux-mêmes, mais qu'une méthode vicieuse obscurcissait comme à plaisir. En fin de compte, et par une sorte de pessimisme découragé, pour sortir d'un dilemme dont l'issue ne s'apercevait pas nettement, on déclara que l'esprit humain, le Microcosme, était borné dans son essence. Par contre-coup, l'univers, le Macrocosme, devint incompréhensible. Mais je ne veux pas insister davantage sur l'illogisme flagrant qui consiste à refuser à la pensée ce qu'on accorde si volontiers au produit de la pensée, à la matière en général [1].

---

1. D'autres causes, et très nombreuses, vinrent s'ajouter à la déviation subie par le concept de limite dans les sciences du monde hyperorganique. Elles raffermirent encore plus la croyance à la faiblesse nécessaire du savoir. Mais ces faits complexes de sociologie et surtout de psychologie ont déjà été examinés par moi en différents ouvrages.

Les considérations qui précèdent contiennent une réponse indirecte à une classe d'objections qui se reproduisent avec beaucoup d'unanimité dans les jugements portés sur mes idées. Mes contradicteurs admettent que, parti du positivisme, je me sois dégagé du credo d'Auguste Comte. Et ils me représentent cherchant à établir, sur la double base de la psychologie et de la sociologie, la légitimité d'une nouvelle philosophie. A les entendre, celle-ci, sans jamais abandonner le terrain des faits scientifiques, oserait pourtant s'élever aux causes premières. Mais ce but semble à leurs yeux un véritable leurre. Car, ne cessent-ils de répéter, quel que soit l'accroissement des réalités connues, l'homme restera aussi éloigné de la réalité totale, n'y ayant point de commune mesure entre le fini et l'infini; et les problèmes qui touchent soit à l'essence, soit à la cause première, soit à la fin dernière des choses, demeureront toujours des objets de foi.

Je ne rouvrirai pas ici le débat sur le fini,

l'infini et leur rapport. En somme, la position occupée par les agnosticistes ne diffère guère de l'empirisme pur. Aucune science théorique directement intéressée au problème de la connaissance ne vient leur prêter l'appui de ses lumières. La psychophysique se tait encore sur ces questions. Et quant à la psychologie concrète qui relève autant de la sociologie que des études proprement biologiques, n'est-ce pas à cette science embryonnaire que je suis redevable des principaux arguments par moi opposés à l'agnosticisme? En vertu de quel droit, donc, les partisans de cette dernière doctrine viennent-ils escompter un avenir scientifique aussi aléatoire?

Ils invoquent l'autorité de l'expérience immédiate. On sait ce que cela signifie. En raison de ce que nous apprennent les lois de la réfraction, une tige plongée dans un vase transparent et rempli d'eau nous paraît grossie dans sa partie submergée et rompue au niveau du liquide; et telle elle paraîtra, à coup sûr, à nos descendants dans les siècles les plus lointains. De même, toute connaissance, la plus certaine comme la plus problématique, nous semble strictement limitée dans son objet, dans ses méthodes, dans ses fins, dans son essence entière. Et telle elle paraîtra encore, sans nul doute possible, à toute humanité future. Les lois de l'optique mentale, aujourd'hui soupçonnées seulement, serviront à expliquer cette illusion et à redresser ses conséquences pratiques. Mais elles ne pourront jamais la déraciner ni la détruire; car il faudrait pour cela entreprendre de modifier l'organisme cérébral lui-même.

Aussi haut que les plus décidés d'entre nos adversaires, nous affirmons la relativité du savoir humain. Mais nous entendons par là que, dans toute connaissance, l'esprit applique nécessairement le concept de limite et les deux méthodes qui en dérivent : la méthode de multiplicité, ou analyse, et la méthode d'unité, ou synthèse. Ces méthodes en elles-mêmes, d'ailleurs, ne sont-elles pas autant de conventions pures?

A tout instant l'intelligence borne le monde, divise et mesure les choses, observe, dans la variété ainsi obtenue, les nombres et les rapports les plus durables, extrait, enfin, de ceux-ci leur nutritive moelle, les grandes abstractions destinées à consolider et unifier le savoir. Mais, sauf dans les cas de généralisation suprême prévus par la loi de l'identité des contraires, nous nous gardons bien de conclure, de ce rôle essentiellement actif, de cet office d'incessante intervention, à la passivité inéluctable que des générations de penseurs ont presque transformée en article de foi, en dogme indiscuté. Avec les scolastiques anciens et modernes nous ne disons pas que le temps est temporel, l'espace spatial, et la connaissance humaine limitée. Plus relativistes en cela que les relativistes en titre, nous écartons de prime abord de la discussion les « essences » formelles ou verbales.

En revanche, nous nous attachons à découvrir les « essences indirectes », celles mêmes que la science recherche. Il nous importe de savoir *comment* ou *pourquoi* [1] le sucre, par exemple, agit sur les papilles du palais, comment ou pourquoi il s'y décompose sous l'action des glandes salivaires, et les métamorphoses qu'il subit dans le torrent circulatoire. Il nous importe aussi de savoir comment ou pourquoi l'esprit humain limite tantôt le monde, et tantôt la connaissance du monde, les moyens qu'il emploie à cette fin et les processus où se révèle cette fonction prééminente. Mais volontiers nous laissons le soin de nous apprendre que le sucre est véritablement sucré aux petits métaphysiciens dont le gai sourire réchauffe nos cœurs et anime nos foyers. Aux grands enfants de la philosophie nous abandonnons, de même, la prétention de nous enseigner que le mesureur

---

1. Car voilà encore, peut-être, deux synonymes oiseusement distingués par ces subtils grammairiens, ces incorrigibles raffineurs de mots qu'on nomme des philosophes.

par excellence et le « limitateur » de toutes choses, l'esprit humain, est borné de sa nature, et que son action sur le monde, la limitation ou la connaissance scientifique, l'est implicitement aussi. Grands enfants, d'ailleurs, nous le sommes tous plus ou moins dans ces problèmes qui touchent aux vérités de la psychologie et de la sociologie, deux sciences encore au maillot !

A quoi bon discuter davantage avec des antagonistes qui de leur plein gré se placent sur le terrain de l'expérience immédiate, qui fut toujours aussi celui du verbalisme naïf et inconscient ? Hâtons-nous plutôt de reconnaître le bien fondé, *dans ces limites*, de leurs étranges conceptions. Car, et pour reprendre l'exemple déjà cité, si lors du passage oblique d'un faisceau lumineux à travers des milieux différents, il nous était loisible de démontrer l'illusion en rétablissant l'homogénéité du milieu, l'expérience analogue ne saurait de longtemps encore se produire dans le domaine psychologique à peine exploré par la méthode objective.

CHAPITRE IX

LE CONCEPT DE MOUVEMENT ET LE MÉCANISME UNIVERSEL

Passons à un examen sommaire du rôle que semble appelé à tenir, dans le problème et les théories monistiques, le concept de « mouvement » qui domine aujourd'hui la science positive. Ce que l'idée de limite est à la limitation et, par suite, à la relativité du savoir, l'idée de mouvement l'est au mécanisme universel. Par malheur, l'état actuel de la psychologie ne nous permettra guère de creuser ce sujet comme nous l'aurions voulu et comme il le mérite.

La limite de toutes les limites, le point, lorsqu'il nous apparaît *successivement* dans *l'espace*, produit la ligne. Et la ligne, en se succédant à elle-même, crée la surface. Enfin la surface, en se multipliant dans une série, remplit l'étendue, donne naissance à des groupes ou systèmes de limites, à des « objets » dénués de tout attribut quelconque, sauf les propriétés quantitatives.

A leur tour, et c'est là même le cas primordial où vient puiser l'expérience, les systèmes de limites ou « objets purs » excitent notre sensibilité d'une façon discontinue, mais toujours identique. En termes du langage usuel, les objets se déplacent, ils se *meuvent*. Le mouvement se présente donc comme une simple fonction de la quantité. Il se substitue à deux idées quantitatives qu'il résume en quelque sorte : le temps, généralisation ultime des phénomènes de l'ordre conscientiel, et l'espace, généralisation suprême de l'ordre du « non-moi ».

Le mouvement établit ainsi un rapport constant, et toujours mesurable de sa nature, entre des valeurs également mesurables, soit les abstractions élémentaires que nous nommons des limites, soit les abstractions dérivées et composées que nous appelons des systèmes de limites, des objets de la connaissance rationnelle, logique. Compris de la sorte, le mouvement constitue sans nul doute le rapport le plus général qui se puisse imaginer. Au reste, cette conception confirme pleinement celle que je tâcherai de faire prévaloir dans les pages suivantes. J'y définirai le mouvement : un rapport d'égalité entre les relations universelles des choses et l'ensemble de leurs autres relations [1].

1. J'ai à peine besoin d'ajouter, ce me semble, que toutes nos abstractions primordiales ou *protoconcepts*, espace, temps, mouvement, limite, etc., surgissent dans le cerveau à la suite de nombreuses impressions extérieures, de multiples « afflux cosmiques ». Pour la plupart instinctives et inconscientes, ces idées servent à enregistrer et à coordonner les résultats de l'expérience. Il est d'ailleurs permis de supposer que les « afflux cosmiques » s'accumulent déjà en partie et s'emmagasinent, surtout dans

Les concepts d'univers, de nature, d'existence, etc., visent un but invariable : ils expriment le *summum genus* qui embrasse la multitude des espèces et des sous-espèces, foule croissante à mesure que du général on descend au particulier.

Un rôle semblable, dans le fait, est rempli par les idées qui résument les attributs universels des choses, ou leurs rapports de quantité. Ici, l'étendue et la durée occupent sans conteste le premier rang.

Et immédiatement au-dessous des attributs quantitatifs tenus pour des concepts derniers, se déroule l'immense série des attributs et des concepts de plus en plus spéciaux. Tous s'enchâssent, s'emboîtent d'une façon régulière et apparaissent à l'esprit comme formellement contenus les uns dans les autres. Si donc l'on désigne par X la première classe, soit la tota-

---

certaines espèces animales, chez les ascendants qui les transmettraient à leur postérité comme une énergie latente, un fonds héréditaire de réactivité sensible.

lité des choses, soit la somme complète de leurs attributs universels, et par Z la seconde classe, soit les espèces et les variétés infiniment nombreuses de choses et d'attributs, on obtient avec évidence l'équation $X = Z$.

Mais comment ce rapport d'égalité s'énonce-t-il, d'habitude, dans la science positive? Comment l'Univers se comporte-t-il à l'égard de l'ensemble de ses propriétés distinguées comme physiques, chimiques, vitales, psychiques et sociales [1]?

Ce problème, la science le traite en faisant intervenir le concept de mouvement et la grande loi de la conservation de la force, formule plus exacte adoptée pour la loi de la conservation de la matière, que Démocrite posait déjà en son temps, par hypothèse. Le mouvement constituerait ainsi l'idée abstraite qui suit sans retard et remplace fonctionnellement dans l'esprit

---

1. Et puisque ces propriétés ne nous sont connues qu'indirectement, puisqu'elles prennent, en définitive, la forme du rapport appelé « sensation », — comment les choses agissent-elles sur nous?

l'abstraction suprême de « quantité ». La science s'efforcerait d'inclure le monde dans le champ de la pensée quantitative ; et l'universalité de celle-ci, ou son infinité, d'après la terminologie usuelle, formerait dès lors le caractère propre et prépondérant du mécanisme.

A ce point de vue, le mouvement se pourrait définir, croyons-nous, comme un rapport d'égalité entre les relations universelles des choses et l'ensemble de leurs autres relations. Rien de mieux justifié, d'ailleurs, par les lois de la logique que l'équation entre le contenu immédiat d'une idée générique et son contenu de plus en plus médiat et éloigné. De la sorte il s'évoque dans l'esprit une parité entre le genre et toutes ses espèces, entre l'abstraction suprême (ou tel membre qu'on voudra dans la série des grands synonymes, points culminants du processus abstractif) et la somme totale de nos autres concepts.

Mais on ne saurait trop y insister : le rapport d'égalité entre la quantité et l'ensemble des propriétés naturelles conserve un caractère logique nécessaire. Ce rapport indique que la quantité est l'idée abstraite la plus haute, tandis que les autres propriétés sont des idées abstraites décroissantes en généralité. Si l'on affirme, par exemple, que le phénomène chimique ou la pensée sont du mouvement transformé et spécialisé, l'on s'aventure beaucoup moins qu'on ne le suppose d'ordinaire. Peut-être même est-ce là s'en tenir à constater que la quantité vue comme genre, donc isolée de ce que les sens présentent sous l'aspect de faits chimiques ou psychiques, demeure rigoureusement pareille à cette *même* quantité envisagée comme une série d'espèces que révèlent certains faits particuliers. Il semblerait, en somme, que l'abstraction « mouvement » s'emploie à la même fin que les abstractions « matière, force, univers, nature », etc. Réduire, par suite, tous les phénomènes au mouvement, ne nous engage pas davantage que de les ramener aux concepts ontologiques. Certaines témérités qu'on reproche à la science moderne ne se bornent-elles pas, au fond, à l'énonciation de truismes fort inoffensifs? Les thermochimistes, les psychophysiciens les plus résolument mécanistes dépassent-ils de beaucoup, au moins dans leurs essais d'explication philosophique, cette simple certitude que la chimicité et la pensée font partie intégrante de la nature, qu'elles rentrent, par leurs linéaments généraux, dans le vaste circuit de phénomènes appelé le monde ou l'univers? On voudra bien nous permettre de n'accorder qu'une confiance médiocre à une « transcendance » qui, cette fois comme les autres, se trouverait en parfaite désunion avec les lois élémentaires de l'esprit.

On nous objectera sans doute le mouvement concret, la translation spatiale qui se constate par la vue, le toucher, l'ouïe, etc. Mais l'argument du sage antique, la preuve *ad oculos* corrobore notre thèse plutôt qu'elle ne l'infirme. Car il règne encore, à notre sens, sur la distinction à établir entre l'abstrait et le concret, une équivoque qui fausse la plupart de nos idées.

Si l'abstrait, comme la psychophysique moderne tend à l'éclaircir, prend ses racines dans le concret; il doit, à un certain moment, pouvoir tomber lui-même sous la règle de l'expérience. Or donc, par quels signes psychiques se traduit le retour de la notion abstraite aux éléments objectifs dont elle tire sa substance, soit le processus inverse de celui qui préside à la formation d'une idée? Faut-il pour cela remonter jusqu'aux faits primordiaux et rudimentaires de la vie mentale? On aboutirait de la sorte à la sensation brute, au point initial d'intersection du subjectif et de l'objectif intimement confondus. Mais nous n'arriverions pas à dégager l'objet du sujet, ni à saisir sa valeur intrinsèque et rationnelle.

Pour exaucer un tel vœu il suffira donc, je pense, de nous arrêter à ce que l'ancienne psychologie appelait une « image » du réel, à ce qu'elle concevait comme un point de transition dans la longue chaîne des événements psychiques. L'idée la plus abstraite nous devient « sensible » chaque fois qu'elle cesse d'être isolée dans l'esprit, chaque fois qu'elle y apparaît avec l'escorte d'autres idées ; — cela, il est vrai, d'une façon plus ou moins indirecte, mais qui dira où commencent et finissent dans la nature ces distinctions conventionnelles, le médiat et l'immédiat?

De schématique, de fermée par essence aux contacts multiples qui nous assaillent du dehors, l'idée devient ouverte aux séries les plus variées de nos sensations. Ce cadre qui semblait vide se remplit soudain de couleurs, de sons, d'odeurs, de goûts, de formes et de leurs diverses rencontres. Pourtant ce n'est pas la déesse antique qui s'abaisse aux mésalliances racontées par la légende. Le prodige s'accomplit d'une façon beaucoup plus naturelle ; il faut pour cela que l'idée pure s'accouple avec ses pareilles, des idées abstraites.

Les sensations engendrent les idées. Cette

vérité semble aussi certaine que celle affirmant l'existence d'un ordre hiérarchique fixe qui classe nos idées selon leur force d'abstraction. A la base de l'échelle se groupent nos concepts les moins abstraits, au sommet, les plus compréhensifs. On aboutit à ces derniers graduellement et après de longs efforts. Les cerveaux incultes se montrent même d'ordinaire assez rebelles à cette opération; et il est probable qu'une forte majorité humaine ne dépasse jamais les échelons intermédiaires.

Mais cela que prouve-t-il? Faut-il, avec une psychologie par bonheur démodée, prétendre que nos sens nous fournissent *directement* ces synthèses de la réalité qu'on nomme des images, et que de celles-ci, à leur tour, s'élaborent, comme autant d'essences subtiles, nos idées abstraites? Pour ma part, je trouve au moins aussi justifiée l'hypothèse qui, loin de faire servir les images à alambiquer l'esprit, modifierait l'ordre traditionnel selon lequel on dispose cette trilogie : sensation, image, idée.

Dans cette vue, l'image, ou idée concrète et complexe, surgirait de l'union des idées foncièrement abstraites et, par là, toujours simples et élémentaires. Cette genèse serait aussi spontanée qu'inconsciente. L'image se concevrait alors comme un véritable faisceau d'idées, une formation ou création de l'esprit déjà suffisamment approvisionné par les sens de matière première, de « plasma » idéologique [1]. A la production de telles synthèses concourrait d'ailleurs, de proche ou de loin, tout l'effectif disponible, à chaque instant, des idées simples, des abstractions pures. Par là s'expliquerait, entre autres, le fait connu de l'ampleur et même de l'allure différentes que les représentations d'une réalité identique obtiennent dans

1. A rapprocher de ma théorie fondamentale sur les sciences abstraites et les sciences concrètes, telle qu'elle se trouve exposée dans *Sociologie*, chap. III, p. 24-47, et chap. XI, p. 207-210. L'idée abstraite étant déjà par elle-même une connaissance, sa fusion avec d'autres idées abstraites doit produire un savoir d'un genre différent de l'ordre purement abstrait. Le parallélisme entre la genèse d'une connaissance concrète et celle d'une idée concrète nous paraît, en tout cas, pouvoir se défendre.

les cerveaux inégalement meublés d'idées générales.

Nous pensons à l'aide d'images, et les plus intellectuels parmi nous n'échappent probablement jamais à cette loi. Mais cela empêche-t-il les *synthèses sensibles ou concrètes* de former le résultat d'une réunion, d'un assemblage de *synthèses symboliques* et, en ce sens, *abstraites*? Pourquoi les « images » ne se résoudraient-elles pas en des combinaisons d'éléments plus simples extraits au préalable, par une sorte de chimie mentale, des données sensationnelles toujours chaotiques? Rien ne nous oblige d'y voir des produits directs de ces données elles-mêmes. La distinction me paraît d'autant plus urgente qu'on confond trop souvent encore ces deux variétés d'une même classe : l'abstraction, l'unité symbolique et artificielle qui participe de la nature de la monade, de la pluralité fortement dissimulée, et la synthèse concrète, qui cherche à reproduire les agrégats ou groupements naturels, les pseudo-monades, les sommes phénoménales à peine voilées. L'analyse qui conduit à l'abstraction et celle qui résout les synthèses concrètes ne coïncident pas toujours non plus; il s'en faut [1].

La rapidité merveilleuse avec laquelle l'esprit prend ces « instantanés » du monde objectif et trace ces « raccourcis » doués de la masse des propriétés que nous attribuons abstraitement aux choses, défie aujourd'hui nos méthodes de mensuration psychophysique. Aussi appliquons-nous ces dernières presque exclusivement aux processus plus simples et plus accessibles de la sensation brute. Mais cette accoutumance même aurait dû nous prémunir contre les illusions qu'elle entraîne à sa suite, et nous faire accepter, au moins d'une manière provisoire, l'hypothèse psychologique dont j'ai été incidemment amené à esquisser ici quelques traits essentiels.

Laissons de côté l'embarrassante alternative. Pour l'intelligence de nos déductions ulté-

[1]. Voir à ce sujet le chapitre VII de ce livre.

rieures peu nous importe, en effet, de connaître la route exacte suivie par l'esprit avant d'aboutir soit à la *présentation* des choses étendue, résistante, résonnante, colorée, etc., qu'on nomme leur *perception*, soit à leur *représentation* également étendue, résistante, etc., à laquelle on réserve le nom d'image [1]. Que l'esprit tire directement des sens ses perceptions et leurs succédanés mnémoniques, ou que ces processus soient préparés et rendus possibles par un travail mental antécédent, par une sorte de sélection et de classification des données immédiates du monde objectif, le jugement ne changera pas. Pour les deux hypothèses, il demeure acquis : 1° que dans nos perceptions et nos représentations, nous ne désertons pas le subjectif, nous n'entrons pas de plain-pied dans l'objectif; 2° que le *concret*

---

1. J'ai à peine besoin de faire remarquer que tout ce que j'ai dit plus haut de la représentation se rapporte naturellement aussi à la perception, qui est une représentation alimentée et vivifiée par l'action immédiate des données sensuelles.

s'assimile à l'*abstrait* dont, eu égard à la nature idéale de l'un et de l'autre, il se différencie d'une manière purement quantitative.

Le *plus* et le *moins* interviennent donc partout comme la fin inévitable de nos raisonnements. Les deux œuvres logiques fondamentales, l'addition et la soustraction, suffisent pour définir les deux termes de l'antithèse. L'intelligence agissant toujours sur des éléments identiques, le concret s'affirme ainsi que le produit d'une addition, une somme; et l'abstrait, ainsi que le produit d'une soustraction, un reliquat, un résidu.

Mais il en est de l'abstraction « mouvement » comme de toutes les autres. Elle intéresse les sens, elle devient visible ou palpable dans la sphère qui tourne, l'abeille qui vole, le bras qui décrit une courbe. Elle s'y allie étroitement avec une foule d'attributs abstraits dont les combinaisons nous fournissent les idées concrètes correspondantes. En revanche, il suffira, dans n'importe quel cas, de séparer la première idée de celles qui l'accompagnent, de l'isoler entièrement, pour voir l'attribut exprimé par les paroles : « qui se meut », perdre aussitôt tout caractère déterminé et se transformer presque en équivalent exact de l'attribut exprimé par les mots : « qui existe », « qui manifeste la force, l'énergie cosmique ».

Ainsi donc, les théories nouvelles qui tendent à prendre dans la philosophie et la science la place de l'ancienne ontologie scolastique, n'excluent en aucune façon le monisme mental. Les concepts : « univers », « existence », etc., identifient tous les phénomènes. Mais le concept de « mouvement » sert le même dessein, et le mécanisme universel, à son tour, s'assimile à l'unité logique. Par là se découvre, avec une évidence toujours croissante, selon nous, l'*homologie* de certaines notions qui dirigèrent autrefois et qui règlent encore aujourd'hui la marche générale de la pensée abstraite [1].

---

[1]. On appelle *homologie*, en chimie, le fait que différentes substances accomplissent une même évolution, obéissent

aux mêmes lois de métamorphose ; et en biologie, — le rapport entre organes qui, d'une espèce naturelle à une autre, trahissent, malgré la diversité de leurs formes extérieures, et souvent de leurs fonctions, l'identité la plus parfaite quant à leur mode de genèse.

CHAPITRE X

DE LA TRANSCENDANCE. DE L'INCONSCIENCE DES MÉTAPHYSICIENS

Les rapports complexes et intimes entre la pensée et la matière se présentent comme un fait indéniable. Mais l'existence d'un rapport entre deux termes, sauf le cas de leur égalité parfaite (hypothèse qu'il nous faut écarter, dans l'espèce, ainsi qu'une pétition de principe manifeste), suppose l'existence d'une différence quelconque d'un terme à l'autre. Partant, lorsque du rapport entre la pensée et la matière (et de la dualité par là affirmée) on conclut à leur identité, l'on tombe, semblerait-il, dans une méprise logique des plus graves.

Loin d'être rigoureuse, cette objection se résout en un sophisme maintes fois dénoncé. On substitue dans le raisonnement, sans y prendre garde, au terme précis et particulier, le terme indéterminé et général.

Toute relation implique une différence, hormis la relation d'égalité qui signifie justement le contraire. Or donc, qu'on nous avertisse de ne pas glisser dans la confusion des rapports d'inégalité avec les rapports d'égalité, — rien de mieux. Qu'on réprouve l'erreur qui assimile la première sorte de connexions formant la trame journalière de notre expérience, à la seconde catégorie, moins commune et si difficile à découvrir ; — soit encore. Mais pourquoi omettre de nous signaler un danger tout aussi pressant, celui de ne pas distinguer entre la parité concrète ou psychophysique de la matière et de la pensée, et leur équivalence générale ou rationnelle ?

Car l'identité de la matière et de la pensée, selon le point de vue où l'on se place, est une pure hypothèse, ou l'opposé d'une hypothèse, une vérité nécessaire. Pour nier celle-ci, sous sa forme logique, il faut, rejetant les certitudes du monisme déductif, s'attacher aux chimères intellectuelles et sentimentales, à l'unité extra- ou supralogique du monde, à la pseudo-transcendance dans toute la force du mot.

Toutes les écoles métaphysiques commettent cette faute. Aucune ne se déclare satisfaite de l'identité générique des grandes espèces naturelles, et toutes lui préfèrent l'affirmation gratuite que les choses se passent, en réalité, d'une manière différente.

Mais de quelle manière? — Cette question, promue à la dignité du problème le plus irritant du savoir, amène, d'habitude, deux réponses.

On ne pénètre point le fond identique des phénomènes et on ne peut le pénétrer, soutiennent les relativistes. Les partisans de l'absolu rétorquent : Nous postulons l'existence d'un *substratum* unique, ayant une valeur autre que le simple signe des caractères communs à la foule des espèces concrètes.

Mais voilà bien une fin de non-recevoir à peine couverte. Elle reproduit la thèse litigieuse dans les termes mêmes où celle-ci se posa de prime abord.

La transcendance des métaphysiciens se dévoile comme une logique vengeresse de ses propres normes, une véritable capitulation de l'esprit devant les lois qui le gouvernent. L'affirmation de la chose en soi ne dépasse pas et ne saurait jamais dépasser le constat abstrait du genre suprême. Mais ce constat s'accompagne d'une illogique négation de l'une au moins parmi les espèces qui composent le genre, le matérialiste rejetant la pensée qu'il sacrifie à la matière, et l'idéaliste escamotant la matière au profit de la pensée. C'est parce qu'il doute de la réalité et va jusqu'à nier l'existence des espèces qui forment le seul contenu du genre par lui postulé; c'est aussi parce qu'un tel illogisme, pour impulsif ou indélibéré qu'il se montre chez la plupart des penseurs, n'en est que plus sévèrement jugé par la science expérimentale; c'est enfin pour sauver cette contradiction latente d'un désastre imminent, que le philosophe s'abaisse au subterfuge et déguise l'idée générique sous le vocable de noumène ou de chose en soi. Ainsi l'Absurde, par une filiation nécessaire, se travestit en Inconnaissable, et la paille des termes, selon la forte expression de Leibnitz, sert une fois de plus à dissimuler le grain des choses.

Longtemps la philosophie prétendit diriger les recherches et accélérer la marche des sciences. En réalité, elle exploita la faiblesse et la candeur natives du savoir à son début.

D'ailleurs, ce qui prolongea la durée de cette usurpation, et ce qui cacha à tous les yeux l'étonnante série de *lapsus* commis par les plus graves penseurs, ce fut l'ambiguïté et l'amphibologie à peu près inévitables du langage abstrait. Car les mêmes formules s'y

emploient pour exprimer les plus sûres vé~~ri~~
du raisonnement et les plus grosses illus~~ions~~
du monisme métempirique.

En effet, si, moniste logique, je dis que ~~tout~~
est matière ou mouvement, j'entends pa~~r là~~
affirmer certains caractères communs aux ~~pro~~-
priétés physico-chimiques, à la vie, à la pen~~sée.~~
Que je considère ces réalités abstraites con~~me~~
des excitations venues du dehors et répercu~~tées~~
en mon cerveau, ou comme de purs produit~~s de~~
l'esprit, une formule m'est indispensable, ~~dans~~
les deux cas, pour désigner ce qui en t~~oute~~
chose m'affecte d'une manière égale et ce ~~qui,~~
par suite, me semble absolument identi~~que.~~
Mais je n'oublie pas pour cela que le proce~~ssus~~
qui concentre et unifie mes impressions dem~~eure~~
quand même un fait complexe relevant d~~'une~~
science très spéciale.

Quelle que soit son école, au contraire~~, le~~
moniste transcendant utilise les mêmes ~~for~~-
mules avec une ambition différente. Ses g~~éné~~-
ralisations violent les lois qui règlent le j~~eu~~

usage des procédés abstractifs. Car lorsqu'un pareil philosophe revendique pour son « espèce » favorite la valeur d'un « genre » dernier, il nie par là implicitement la spécificité expérimentale; il mine et sape, en parfaite ingénuité, les fondements mêmes de la logique [1].

Rendre raison de son objet à l'aide du plus petit nombre d'éléments et de relations constantes qui les unissent, tel fut toujours le but supérieur du savoir humain. Mais ce que la science spéciale s'efforce de réaliser pour une seule série de phénomènes, la philosophie veut l'atteindre pour leur ensemble.

---

[1]. On peut dire encore que le monisme de la science vise surtout aux *classes* phénoménales dont il se plaît à diminuer le nombre. Mais la classe étant censée identique à l'ensemble de ses genres et de ses espèces, réduire le nombre des classes équivaut à établir l'identité des attributs essentiels des choses. Ainsi s'exerce, parmi les phénomènes et leurs propriétés, une sélection idéale et naturelle à la fois. Par contre, le monisme transcendant vise surtout aux *causes* des phénomènes qu'il désire rattacher à la cause première unique. Mais la cause égalant, par définition, la somme des effets produits, l'entreprise métempirique tendrait à bannir de la philosophie l'idée même de pluralité.

Partant, la philosophie peut, à bon droit, s'envisager comme une simple fonction, au sens mathématique du mot, des fins scientifiques assemblées; son monisme opère sur les synthèses de la science dont le penseur cherche à former une unité complexe. Si donc l'on désigne par **M, N, O, P, Q, R**, les six grandes classes de faits qui composent la nature, et par m, n, o, p, q, r, leurs éléments réduits, pour plus de simplicité, à un élément par classe, l'unité philosophique s'offrira comme la somme $m + n + o + p + q + r = X$, c'est-à-dire, comme une multiplicité virtuelle, une pluralité masquée par un artifice de la raison [1].

---

[1]. Déterminer la valeur exacte des groupes m, n, etc., cela incombe au savant qui les étudie, et non au philosophe qui médite de fixer leur total. Quant à ce dernier, il différera des unités m, n, o, p, q, r (même si $n = m$, $o = m$, et ainsi de suite, hypothèse dans laquelle $X = 6\,m$), sauf le cas où tous ces termes, moins un, se ramèneraient à zéro (X s'identifiant alors avec l'unique terme positif). Cette exception sert pourtant de règle aux formules variées du transcendantalisme qui verserait ainsi dans une erreur purement mathématique. De la réductibilité, sinon même de l'égalité supposée de tous les termes d'une série, le transcendantalisme tire la conclusion évidemment illégi-

D'une semblable pluralité le monisme transcendant chercha toujours à se défaire. Et si loin fut poussée l'inconscience des penseurs en cet ordre d'idées, que jamais école métempirique ne recula devant la négation arbitraire et fausse de toute modalité différentielle dans le monde.

Donc, considérée au point de vue de l'histoire des doctrines, l'unité rationnelle des choses semble adéquate au contenu intégral de l'idée monistique. L'unité transcendante, par contre, apparaîtrait telle qu'une illusion mentale condamnée par l'expérience du passé et par celle du temps présent. Le problème de l'unité ne peut se poser d'une façon avantageuse pour la science si l'on jette par-dessus bord l'idée de pluralité. Quant à résoudre la question d'une manière définitive, l'espoir en serait forcément

---

time, que la somme de ces termes est égale à l'un d'eux. Il semble très clair d'ailleurs, que si l'un et, à plus forte raison, plusieurs des membres de la série m, n, o, p, q, r, restent indéterminés, l'unité philosophique ne pourra se produire.

vain aujourd'hui. Armé de patience, en complet désintéressement intellectuel, en toute sérénité d'esprit, le sage devra attendre avec calme les résultats futurs de l'évolution scientifique. Car l'obstacle que jadis on écartait à l'aide de formules verbales, ne saurait désormais se vaincre du dehors, par la simple action de la pensée synthétique, mais seulement du dedans, par le progrès naturel du savoir.

CHAPITRE XI

DE LA SCIENCE UNIVERSELLE. LE POINT DE VUE SOCIOLOGIQUE

L'idée d'une science universelle coïncide, on l'admet volontiers, avec la notion d'une philosophie parvenue à son plein épanouissement. Mais une pareille conception ne contredit-elle pas les vues par nous professées à l'égard de la vraie méthode en philosophie? N'avons-nous pas toujours insisté sur l'urgence d'une rigoureuse démarcation entre la recherche du philosophe et l'exploration propre au savant? Or, devenue le savoir unique, la spéculation générale pourra-t-elle éviter l'hypothèse, le plus fécond parmi les procédés spécialisateurs? Née du désarroi de l'esprit devant le problème des rapports de la science avec la philosophie, cette objection consolide, plutôt qu'elle ne l'ébranle, le résultat théorique contre lequel on la dirige.

Loin de nous pousser à confondre la philosophie et les sciences existantes, l'identification de la première avec le savoir finalement unifié oppose l'idée d'une connaissance universelle à la notion d'un nombre n de disciplines irréductibles les unes aux autres. Elle nous permet de dire que l'unité ne se trouve à aucun des stades intermédiaires de l'évolution scientifique. Elle justifie, en un mot, notre doctrine constante sur la nature et les destinées de la philosophie. Savoir général que mûrissent les temps, formation intellectuelle réservée à l'avenir, la synthèse cosmologique n'a pu exister dans le passé qu'à l'état d'ébauche informe. Elle n'y fut jamais qu'une alchimie précédant plutôt que préparant la vraie science. De même, une conception exacte du monde sortira un jour, non point de nos fragiles hypothèses universelles, ni de notre art dialectique si ténu et subtil, mais bien des acquêts dus à la science positive.

Le savoir unifié, le développement extrême de nos connaissances de détail et de nos conceptions d'ensemble, voilà l'idéal, le but lointain et problématique. A cette ultime délivrance des entraves que lui apporte la multiplicité des choses, l'entendement humain travaille depuis des siècles. Labeur difficile et pénible, mais moins ingrat qu'on ne le pense. Le pluralisme déjà diminué de la science contemporaine atteste, en tout cas, l'efficacité d'une partie de nos efforts synoptiques.

Et ce succès indique la route à suivre. L'unité générale et rationnelle que la philosophie démontre, devra s'appliquer aux réalités particulières que la science observe. Le monisme logique devra s'adapter étroitement aux exigences des méthodes précises. Par là, il se transformera, d'une façon insensible, en un monisme réel ou expérimental.

La voie perdue, cependant, s'offre, dès l'abord, tout à côté. Elle part du même point, elle débute aussi par l'unité logique des choses et des êtres. Mais bientôt l'impatience gagne l'esprit généralisateur. Les déceptions de la lutte contre la spécialité et l'émiettement du savoir accablent le philosophe. Il n'aperçoit plus qu'un moyen de fuir les formidables difficultés. Il accepte les séductions de l'hypothèse générale. A chaque instant, son *postulatum* favori se révèle comme *expérimentalement faux*. Mais qu'importe? Désormais il lui servira d'assise pour y élever d'autres suppositions, celles-ci purement monistiques, celles-là entachées d'un dualisme naïf. Résolument le métaphysicien amoindrira l'univers. Il ramènera toute chose à la matière et au mouvement, à la sensation, au principe de vie, à l'idée, à la représentation, à la conscience, à la volonté, à tel ou tel groupe parmi les faits psychiques que l'empirisme des grossières analyses initiales classa à côté des phénomènes vitaux avant d'apprendre quelles lois gouvernent les uns et les autres.

Ainsi compris et institué, le monisme s'affuble d'un titre sonore. Il devient apriorique, il se croit à mille coudées de l'expérience vulgaire. La présomption est comme celle d'un adolescent glorieux de ses forces encore neuves, confit en ses illusions encore entières.

Il n'y a pas de transcendance. Il n'y en a ni dans l'esprit de l'homme, ni dans les choses. *Dépasser l'expérience* signifie strictement *nier l'existence*. J'ai souvent affirmé que les larges généralisations du philosophe échappent à tout contrôle expérimental. Mais j'ai toujours eu hâte d'ajouter que ce privilège peu enviable leur appartient uniquement en vertu d'un vice formel de logique, qui les dépouille de certains traits propres à leurs congénères et leurs prototypes, les généralisations du savant. Aussi que voyons-nous? A la surface, une hypothèse défiant nos procédés d'enquête et s'exposant par là sans défense aux plus justes critiques ; et immédiatement au-dessous, une hypothèse spéciale, susceptible d'être vérifiée par la science particulière qui, dans la majorité des cas, la désavoue et la rejette d'une façon absolue. Or l'hypothèse métaphysique tire sa substance de l'hypothèse scientifique. Elle dépend entièrement de celle-ci. Elle s'élève et tombe avec elle.

Le monisme transcendant des divers systèmes subit la même loi. Il est tacitement fondé sur un postulat spécial, et qui ressort d'une expérience dont on ne saurait nier le caractère essentiellement sociologique. Car elle a pour objet l'évolution des sciences et sa caractéristique aujourd'hui prédominante, le pluralisme effectif des branches abstraites du savoir.

Commenté de la sorte, le monisme des métaphysiciens s'explique comme une simple erreur de fait. Et si d'habitude l'on considère les généralisations pseudo-transcendantes sous un aspect différent, si l'on continue à les ranger en dehors des méprises expérimentales ordinaires, cela provient de ce que ces idées appartiennent à une classe d'illusions à peine reconnue ; je veux parler de celles où glisse la philosophie jouant le rôle de sociologie générale. Il existe, semblablement, en métaphysique, de nombreuses erreurs qui tiennent à l'état arriéré de cette discipline sociologique, la morale, et une multitude d'inductions défectueuses dont la responsabilité incombe à l'évolution tardive des études biologiques et psychologiques. Et naguère, lorsque la philosophie emplissait les vides maintenant occupés par des sciences autonomes et florissantes, elle s'encombrait de véritables « illogismes » chimiques, physiques, astronomiques et mécaniques. Même aujourd'hui, de tels égarements cherchent et trouvent quelquefois un asile, soit dans les vieux systèmes que certains esprits moroses se plaisent à exhumer, soit dans les croyances religieuses d'un autre âge.

L'expérience sociologique, disons-nous, condamne l'hypothèse restreinte qui fut la semence d'où sortirent les nombreuses variétés métempiriques de l'Un-Tout. Mais si aux rêves unitaires de la pensée générale la sociologie inflige le contraste des faits spéciaux, de leur réalité infrangible, elle constate en même temps la diminution toujours croissante du nombre des grandes séries où s'alignent les phénomènes naturels. Et puisque rien ne garantit l'arrêt prochain de ce mouvement de concentration, ne semble-t-il pas légitime d'en inférer que le monisme transcendant se doit prendre pour une hypothèse qui intéresse, non l'état actuel, ni le passé, mais l'avenir de la science [1]?

Par malheur pour la philosophie, son monisme ne dérive pas de la seule expérience sociologique. Comme les phénomènes subjectifs très complexes, il présente encore un aspect exclusivement rationnel.

1. Ou une hypothèse d'évolution analogue aux théories astronomiques et géologiques qui nous décrivent les soleils éteints, les planètes mortes, les mondes privés de lumière et de vie.

J'écarte ici toute discussion sur la place de la logique dans la hiérarchie des sciences, sur son identité présumable avec les mathématiques, sur son état présent et son rôle futur, sur une foule de problèmes des plus curieux, mais dont l'examen, même rapidement conduit, nous détournerait de notre sujet; et je me borne à considérer cette discipline comme un système particulier de vérités dont la connaissance semble indispensable à la découverte de n'importe quelle classe de lois naturelles. Or donc, que devient l'hypothèse de l'unité transcendante du monde lorsqu'on la juge à la lumière du critérium logique?

Nul doute ne persiste. L'unité métaphysique se signale à l'attention du logicien comme une hypothèse qui embrasse la totalité des choses; et par là elle se dérobe à nos procédés ordinaires de contrôle. Car tant qu'une conjecture demeure universelle, on ne peut lui confronter des faits particuliers et concrets, sans lui faire subir une suite de spécialisations préalables.

A ce signe mental se reconnaissent toutes les fictions auxquelles les philosophes recoururent afin de s'affranchir du pluralisme effectif des phénomènes.

Des conséquences fort graves découlèrent de l'emploi de la méthode hypothétique dans la spéculation générale. La philosophie entra dans le songe et l'utopie. Mais puisque, d'habitude, les écarts de notre puissance imaginative se tolèrent seulement s'ils se montrent capables de susciter en nous des émotions heureuses, ou s'ils agissent en tant que dérivatifs et stupéfiants de la douleur morale, comment la philosophie eût-elle pu se soustraire à cette loi de notre organisation psychique? L'esprit humain lâcha la proie pour l'ombre. Cosmogonies et métaphysiques le nourrirent d'illusions creuses. Les théologiens et les philosophes s'attribuèrent pour tâche de nous alléger le poids d'une existence misérable, en nous incitant sans cesse à amnistier les injustices du sort et des hommes [1].

1. Hormis en quelques cas rares qui s'offrent comme de

La bonté et l'équité du créateur, l'immortalité de l'âme, la grande revanche de l'Au-delà, les dédommagements d'outre-tombe, les sublimes finalités de la nature, l'amélioration indéfinie de l'humanité, tous les principes des vieilles croyances consacrent la justesse de notre thèse. Mais ces pieuses suppositions, naguère humaines et utiles, offensent aujourd'hui les sentiments nouveaux engendrés par les progrès du savoir, par la conception plus virile des destinées individuelles et sociales [1].

véritables exemples de perversion psychique ou sociale, à rapprocher des cas les mieux connus de perversion dans les divers domaines de la sensibilité somatique.

1. Un fait récent dans cet ordre d'idées semble confirmer, d'une façon indirecte mais probante, l'opinion que je défends ici. Je veux parler du surcroît notable de vitalité observé de nos jours dans l'ancienne tendance qu'exemplifia déjà le platonisme et qui consiste à représenter la philosophie comme une branche très élevée de l'art, comme une source très pure d'émotions esthétiques. Foncièrement fausse en théorie, cette vue réalise néanmoins, dans la pratique, une conquête morale facilement appréciable. Car rien n'égale en noblesse et en véritable rareté les émotions du Beau, sauf peut-être les sentiments qui procèdent du sacrifice désintéressé à autrui ou de la passion de la vérité recherchée pour elle-même. Un contraste tout à l'avantage de l' « esthétisme » moderne s'accuse ainsi entre les nou-

Quoi qu'il en soit, au reste, le postulat universel qui admet une unité supérieure indépendante de l'expérience, apparaît à la fois comme une erreur de psychologie, puisque la logique est encore de la psychologie, et comme une grossière aberration sociologique. Il constitue, d'une part, le produit d'une méthode faussée dans son principe et tronquée dans son application, d'une demi-méthode qui, débutant comme l'hypothèse scientifique, ne peut, à

veaux rêves de la philosophie et les anciennes aspirations, toujours plus ou moins utilitaires, des théologies et des métaphysiques. Certaines religions, comme chacun sait, poussèrent même fort loin la matérialité des satisfactions qu'elles promettaient à leurs adeptes. D'autre part, les grandes découvertes scientifiques appliquées au bien-être des masses ont sûrement hâté la désaffection populaire qui semble frapper aujourd'hui les plus respectables *credo*.

On peut nous objecter le pessimisme courant et la valeur grandissante des idées dépressives qu'il apporte avec soi dans le monde. Voilà cependant une source d'émotions dont le côté pénible se compense par certaines revanches artistiques indéniables. Car si le sentiment plaisant, pour raffiné qu'on puisse le supposer, n'existait pas, il est clair que le pessimisme philosophique, comme son intime allié, le naturalisme excessif de la production littéraire, picturale et plastique, se seraient vite effondrés sous l'indifférence générale.

l'exemple de celle-ci, aboutir à son complément naturel ; et il conduit, d'autre part, à une négation manifeste des vérités les mieux établies de l'évolution scientifique.

Si l'ancienne philosophie donna tête baissée dans cette double méprise, et si, par suite, à l'instar de la théologie, elle devint une illusion réconfortante, sinon pour la masse humaine, du moins pour l'élite échappée au joug dogmatique, cela ne saurait surprendre personne. L'insuffisance des études psychiques et sociales justifiait très bien cette situation. Mais comment expliquer que la philosophie moderne, déjà instruite par l'insuccès lamentable des tentatives antérieures, s'obstine encore dans les mêmes errements? Ne s'opiniâtre-t-elle pas à s'arroger le droit de remplir les lacunes des sciences par des hypothèses d'une envergure si vaste, que les accepter pour vraies impliquerait à coup sûr la solution du problème de la science unique, universelle? La philosophie entend de la sorte maintenir et perpétuer, dans les affaires du savoir spécial, son antique suprématie.

Une multitude de causes, les unes à l'apogée de leur action, les autres entrées déjà en une période de déchet visible, s'unissent pour produire ce résultat. Nous ne saurions ici les énumérer toutes, mais nous voulons en noter une au moins qui, selon nous, sollicite principalement l'intérêt.

Quelques rares penseurs s'accordent aujourd'hui pour abolir la spéculation hypothétique étendue à l'ensemble des choses. Mais bien que fortifiée par les faits, leur heureuse conviction se répand avec une lenteur extrême. Elle soulève les plus vives répugnances chez les philosophes timidement asservis aux routines caduques. Il y a là, en définitive, une vérification retardée par l'état présent des sciences supérieures et qui exige encore de nombreuses, de sévères recherches psychologiques et sociologiques.

Les influences accumulées du passé pèsent sur

la génération actuelle d'un poids d'autant plus lourd que jamais on ne songea à dresser leur inventaire exact. L'hérédité psychique inconsciente, l'atavisme intellectuel insoupçonné, les brusques retours des systèmes mixtes aux types purs primordiaux, tous ces faits à l'étude permettent de pronostiquer une science de grand avenir, la morphologie des idées générales. Mais l'on souhaite encore son avènement. Force nous est donc de parler d'une façon vague d'habitudes mentales acquises, de plis héréditaires de la pensée transmis d'une époque à la suivante, de modes de philosopher propagés par simple inertie; et de chercher à expliquer, par ces arguments littéraires bien plus que scientifiques, la persistance de la méthode conjecturale dans les théories universelles.

Remarquons, en dernier lieu, l'ascendant qu'exerce le monisme qui s'accentue dans les disciplines abstraites indépendantes. La réduction de leur nombre et la subordination de plus en plus étroite des branches du savoir dites supérieures aux branches dites inférieures, tout cela semble hypnotiser l'esprit des philosophes. Il se dégage de ces faits comme une tentation constante de surpasser la science en ses élans synoptiques. Le savoir spécial s'achemine avec trop peu de hâte vers son but suprême, au gré des penseurs. Il est trop souvent arrêté par les vérifications négatives, les démentis que lui inflige l'étude des phénomènes et des rapports concrets. La philosophie essaie, par suite, d'atténuer les conséquences de ces tergiversations, de remédier à ces doutes. Et elle y réussit avec une facilité d'autant plus grande qu'elle prend plus hardiment son vol vers les espaces éthérés, les hautes cimes mentales où les négations et les restrictions ne sont plus à craindre. Car, d'après la loi de l'identité des contraires, elles perdent ici leur *valeur différentielle* primitive, elles se transforment en repoussoirs factices, en affirmations voilées.

Ainsi, le monisme circonspect de la science

qui eût dû, semble-t-il, servir de contrepoids au monisme audacieux de la philosophie, entraîne celle-ci, pour comble, vers les généralisations prématurées et les synthèses subjectives. Ce qu'on s'imaginait devoir agir comme un frein, devient, inopinément, une incitation à passer outre, à ne tenir compte d'aucun obstacle. Mais ne voyons-nous pas un fait pareil se répéter dans la vie ordinaire : un groupe de circonstances paraissant commander une certaine règle, suscite, en réalité, la conduite diamétralement divergente, si nocive qu'elle se laisse prévoir !

De même, rien, croyons-nous, ne pourra empêcher la philosophie contemporaine d'aller se discréditant, à moins que la psychologie et la sociologie ne prouvent avec la dernière rigueur que les lois de l'esprit et celles qui déterminent ses productions répudient l'emploi de l'hypothèse dans un but purement spéculatif.

CHAPITRE XII

CONCLUSION. — *SUMMA DELUSIO*

Prius scire.....

Dans les chapitres qui précèdent, le lecteur a pu constater quelques hésitations et la répugnance aux formules qui tranchent par la méthode d'Alexandre les difficultés inextricables. Et pourtant, arrivés au terme de la tâche par nous estimée la plus ardue de toutes celles que nous nous imposâmes jusqu'à ce jour, nous inclinons à nous faire un autre reproche. N'avons-nous pas été trop affirmatifs dans certaines de nos assertions? Ne nous sommes-nous pas trop hâtés de quitter, sur des points encore mal éclaircis, l'expectative prudente que nous commandaient l'esprit et la méthode de notre philosophie?

Avouons notre embarras au moment de tracer les dernières lignes de ce volume. Comment résumer en un petit nombre de propositions succinctes, rangées en un ordre méthodique, les résultats essentiels d'une analyse qui, même sous sa forme discursive, soulève tant et de si fortes objections? Ne nous exposons-nous point par là volontairement au risque de dépasser la mesure des audaces tolérables?

Mais peu importe. Le droit d'émettre des idées qui prétendent rectifier les notions généralement reçues, se compense par le devoir de toujours accepter leur discussion sur le terrain le plus favorable à l'adversaire. Essayons donc de conclure, de donner du relief aux thèses cardinales de cet écrit. Le lecteur dûment averti se gardera lui-même des exagérations inutiles ou nuisibles.

Dissemblance et similitude, variété et unité, pluralisme et monisme, la pensée oscille entre ces deux pôles qu'elle oppose sans cesse entre eux. Elle ne peut faire autrement. Car si l'acte psychique le plus complexe se laisse réduire, en dernière analyse, à la perception élémentaire de différence, la raison la plus élevée, dans ses manifestations diverses, se gouverne, en dernier ressort, par le principe d'identité $(A = A)$.

Mais à quoi répondent les concepts de variété et d'unité, que représentent-ils objectivement? Pourquoi cette polarité psychique, d'où nous vient-elle? Et où nous conduit-elle, et pourquoi son immutabilité? A quelle loi obéit ce contraste fondamental? Voilà tout le problème monistique étroitement lié, comme on voit, à celui de l'extériorité de la conscience.

Problème de haute psychologie. Un des plus spéciaux, peut-être, et certes le moins mûr parmi tous ceux que fixera un jour cette science encore flottante. Beaucoup d'éléments indispensables nous manquent pour le résoudre. Mais déjà nous pouvons légitimement espérer. Il faut donner à la psychologie le temps de croître, de se développer, d'égaler en autorité ses devancières, les sciences des phénomènes plus simples. Le problème de la polarité psychique n'offre rien d'absurde en soi. Mais il devient urgent de débarrasser ses principaux termes des paralogismes qui, de la façon la plus naturelle, s'y sont glissés à la suite des efforts stériles auxquels l'esprit humain se livra pour vaincre, avant l'heure, et sans posséder d'autre instrument que son immense désir de pénétrer le mystère, les plus grandes difficultés expérimentales. Tel est le but précis qui nous tenta en cet Essai et tel l'esprit général dans lequel nous l'écrivîmes.

Les métaphysiciens, les empiriques aussi bien que les criticistes et les fervents du doute absolu, étaient loin de comprendre le problème monistique de cette manière. Eux qui, à quelque école qu'ils appartinssent, prétendaient, sinon découvrir à nos yeux émerveillés la trame du monde, du moins pousser leurs investigations jusqu'aux dernières limites accessibles à notre intelligence, et nous acculer aux bornes extrêmes de tout savoir, de toute compréhension; eux n'observaient, en somme, que l'écume légère des choses, leur apparence transitoire. Ils tournaient et retournaient entre leurs doigts la riche étoffe des phénomènes. Ils en comparaient, d'un côté, les dessins aux vives et multiples couleurs, les arabesques capricieuses, et, de l'autre, le fond ou l'envers qui, par simple contraste, leur semblait terne et uniforme. Et là-dessus ils construisaient une naïve antinomie, et si cruelle en même temps, puisqu'elle nous condamnait à l'ignorance à perpétuité. Mais qui donc oserait aujourd'hui attribuer au métaphysicien des connaissances sérieuses sur la matière première de l'éblouissant tissu? Sans doute lui-même croyait avoir approfondi maintes questions touchant l'activité psychique et les normes fondamentales de l'esprit. Par malheur, les montagnes demeurent debout, et la foi qui naguère encore se targuait de pouvoir les soulever, se dissipe de plus en plus rapidement.

La méthode que suivirent les philosophes fut très banale. Le problème particulier, psychique ou logique, devint chez eux un problème universel, cosmique ou ontologique. La négative dont on n'apercevait pas ou ne voulait pas apercevoir le caractère particulier et concret, qu'on douait, par contre, de qualités générales et abstraites, n'excluait plus, précisément pour ce motif, l'affirmative universelle, sinon par un vain simulacre. Souvent donc on se contenta du simulacre. Une confusion inextricable en résulta, qui donna à la recherche de l'unité, instituée dès lors sur une vaste échelle, l'empreinte métempirique qu'elle conserve jusqu'à nos jours.

Maintenant, il s'agit, avant tout, de *déphilosopher*, si je puis m'exprimer de la sorte, sur le problème central de l'ancienne ontologie. Car plus une question semble considérable, et plus son étude sévèrement scientifique se montre nécessaire. Livrer à la spéculation générale un problème réputé insoluble dans la science, cet éclatant contresens se remarque à peine, tant on le commet aujourd'hui. Une confusion pénible se crée ainsi, dont on ne sortira que si l'on se décide, une fois pour toutes, à différencier du labeur scientifique le travail du philosophe, et cela par le moyen de quelques marques faciles à saisir qui s'harmonisent avec ce que déjà nous savons sur le jeu intime de nos facultés.

Ces caractères se résument dans la double définition suivante. La science spécule sur des *problèmes* en vue de les *résoudre* d'une façon définitive ou temporaire; et la philosophie spécule sur des *solutions*, complètes ou approximatives, en vue d'en tirer le mode, le plus *homogène* possible, de *concevoir* la nature et l'homme. Certes, dans un langage peu précis, on pourra encore parler *du* ou *des* problèmes philosophiques, *du* ou *des* buts que le métaphysicien se propose d'atteindre, et aussi des solutions auxquelles il aboutit. Mais ne pense-t-on pas que le verbiage spécieux, le style lâche où se plaisent nos philosophes, l'amphibologie constante doublée presque de paronymie (dans les idées et les signes des idées) où s'effleurit le plus clair de leur sagesse officielle, que tout ce fragile décor a beaucoup perdu de son charme premier?

L'Un-Tout existe-t-il? Un Dieu existe-t-il? Ces simples questions offrent le type pur du contresens signalé plus haut. La découverte n'est pas nôtre. Elle revient de droit aux « aprioristes » eux-mêmes, à des métaphysiciens de race dont les œuvres se commentent dans nos écoles comme des modèles classiques. Ces philosophes éprouvaient déjà du malaise devant l'incohérence cachée des termes où se posait l'étonnante interrogation. Ils se sentaient émus par l'illogisme latent du procédé qui consiste à vouloir accomplir un certain parcours sans passer par ses étapes constitutives. Or donc, quelle issue trouvèrent-ils à la difficulté? Mais exactement celle que nous préconisons ici. On les vit rendre à la science particulière ce qui lui appartenait, et modifier de la façon suivante les termes de la recherche : L'idée de Dieu (ou de l'Un-Tout) est-elle vraie ou fausse?

Le problème par là fut replacé sur son véritable terrain, où sa solution pourra se faire attendre, en raison de la marche généralement très lente du développement scientifique; mais où elle ne fera pas défaut, à un moment donné.

Je n'ai d'ailleurs nul besoin d'insister sur la connexité intime du problème de l'Un-Tout avec celui de Dieu. Que l'Un-Tout s'assimile au Dieu tant exploré par les aprioristes, ou qu'il s'en distingue, cela ne change rien à la nature essentiellement psychologique des investigations correspondantes. Et le devoir du philosophe reste quand même identique. S'il ne veut pas condamner sa raison à tourner comme un moulin vide, il demandera à la science de lui fournir, le plus abondamment possible, le grain plein et mûr de ses résultats.

Que devient, cependant, en tout ceci, le titre primordial attribué à la recherche de l'unité? La subordination de la psychologie à une série de sciences de plus en plus simples ou élémentaires signifie-t-elle davantage qu'une hiérarchie strictement corrélative entre les objets d'étude, les matières traitées par ces diverses disciplines? Non point, en vérité. N'oublions jamais que dans le domaine de la connaissance l'esprit humain opère, d'une façon immédiate, sur les signes des choses seulement. La ressemblance ou l'identité des signes nous sert d'unique guide alors que nous affirmons la ressemblance ou l'identité des choses. Or, l'étude de la genèse et du développement des idées nous révèle chaque jour leurs étranges avatars. Cette norme si sûre de la raison, l'inconcevabilité du contraire simultané et sa si curieuse conséquence, l'identité secrète de nos abstractions ultimes, plaident assez en faveur d'un pareil transformisme. Tant mieux donc si la solution psychologique du problème de l'unité le rejette, entièrement ou en partie, dans la sphère des idées biologiques d'abord, physico-chimiques ensuite, et, finalement, mécaniques et mathématiques. De toute façon, son ancienne importance ne sera point diminuée. La valeur qu'on lui accordait par intuition et *prima facie* se justifiera, au contraire, *a posteriori*, par des motifs d'un ordre déjà scientifique et expérimental. Particulariser une question, c'est certainement lui assigner sa place et son rang dans une série naturelle ou conventionnelle ; mais c'est aussi la lier à l'ensemble total des autres problèmes, c'est employer la meilleure des méthodes connues pour rendre fructueuse la tâche du généralisateur.

Nous conformant à cette marche nécessaire de la pensée, nous avons, en premier lieu, voulu dégager la question des vieux fatras métaphysiques qui si longtemps recouvrirent son essence spéciale. Ce déblaiement nous montra presque aussitôt la relation qui existe entre le concret et l'abstrait, et *vice versa*. Dès lors il nous parut que tout le problème de l'ontologie se ressaisissait dans le problème psychologique.

Prolongeant notre analyse par l'observation des formes multiples que le concept d'unité avait revêtues dans l'histoire, nous réduisîmes ces formes à quelques types génériques très vastes. Nous fîmes un pas de plus en étudiant ces derniers, en les classifiant, en déterminant leurs rapports et l'ordre effectif de leur évolution.

Cela nous conduisit à reconnaître dans l'unité logique le moule primitif où se coulèrent et d'où sortirent toutes les variétés historiques du monisme, espèces nombreuses qui, à leur tour, se massaient en deux groupes : le monisme scientifique et le monisme transcendant.

Appliquée aux besoins de la science, réglée

et contenue par des méthodes rigoureuses, tournée vers des buts d'utilité immédiate, l'unité rationnelle se déploie lentement et se transmue en monisme scientifique.

Au contraire, pliée aux exigences de la métaphysique, forcée de subir les conséquences d'une perpétuelle confusion entre le général et le particulier, l'abstrait et le concret, le philosophique et le scientifique, dirigée vers des fins vagues, souvent vers de pures chimères, l'unité rationnelle ne tarde pas à s'immobiliser et à se pétrifier : elle se transforme en schémas ontologiques verbaux auxquels une fausse transcendance vient seule, quelquefois, prêter un semblant de vie.

Les lignes divergentes que suivent ces deux courants d'idées, ne sauraient se rejoindre. Il importe de choisir et de se prononcer nettement. Des deux marches, laquelle est normale, désirable, appelée à de hautes destinées intellectuelles? Le doute à cet égard ne semble guère permis. Il faut sans ambages prendre la voie qui du monisme rationnel mène à l'unité de la science. Et il faut quitter celle qui de l'unité de raison aboutit au monisme transcendant. Cette dernière méthode se dénonce à l'observateur attentif comme une corruption de l'esprit, une violation de ses lois fondamentales, un phénomène pathologique longtemps inévitable, une maladie de croissance de l'humanité chercheuse et méditative.

Une classification, a-t-on dit, pour être rationnelle, doit tendre à identifier d'une façon complète les choses qu'elle classe. Elle doit nous mettre à même de réunir le plus grand nombre de faits touchant ces choses. Elle doit, en somme, exprimer la correspondance la plus sûre entre nos idées et la réalité [1]. Or, notre hiérarchie des grands types du monisme répond assez bien à ces exigences. Elle autorise d'ailleurs les trois définitions qui suivent :

1° L'unité rationnelle est le produit de la

1. Voir, par exemple, Spencer : *Principes de biologie*, t. I, ch. XI, § 98.

pensée logique servie et contrôlée par l'observation ou l'expérience directes (observation et expérience souvent désignées par le mot d' « intuition », auquel d'aucuns préfèrent le vocable moins démodé de « recherche subjective »).

2° L'unité scientifique est le produit de la *pensée logique servie et contrôlée par l'observation ou l'expérience indirectes* (recherche objective).

3° Enfin l'unité transcendante est le produit de la *pensée logique non contrôlée, ou insuffisamment contrôlée, par l'observation et l'expérience, soit directes, soit indirectes.* (Devant une observation trouble ou mal faite, devant une expérience hâtive ou tronquée, la pensée se réfugie dans l'abstraction pure; elle recourt d'emblée à l'hypothèse universelle, elle s'abandonne au jeu futile des oppositions simulées, des antinomies illusoires. Par là elle acquiert la trompeuse apparence d'un effort mental qui inclinerait à dépasser ses propres conditions logiques [1].)

1. Dans la différenciation qui s'établit entre la philoso-

Un rôle considérable appartient dans les théories unitaires aux concepts négatifs.

L'erreur qui, de la puérile opposition du même au même, déduit les idées d'essence, de noumène, de Dieu, etc., pour leur conférer ensuite une réalité extralogique ou transcendante, cette erreur se retrouve, entière, dans l'illusion qui, du contraste général entre la pluralité et sa négative, tire l'unité et lui accorde une existence suprasensible. Car l'expérience ne rencontre partout que la pluralité

---

phie scientifique d'un côté, et la théologie avec la métaphysique de l'autre, il y a, comme dans tout ce qui touche à la distinction entre la vérité et l'erreur, une simple question de méthode. Toute métaphysique et toute théologie possèdent un fonds, si modeste qu'il soit, d'observations justes; par malheur, elles l'enfouissent sous une couche épaisse d'illogismes flagrants. Voilà le principal, sinon le seul blâme qu'il faille adresser à la transcendance religieuse et à la transcendance philosophique. Mais le reproche est des plus graves. En lui se résument une foule d'objections secondaires qui toutes concluent à la nature forcément aléatoire de l'effort transcendant. Loin d'être, comme la science, une recherche laborieuse de la certitude, la théologie et la métaphysique ne s'offrent à nos regards, on l'a souvent remarqué, qu'avec les caractères d'un *pari* dont la vérité ultime serait l'enjeu.

plus ou moins voilée par les processus abstractifs de l'esprit.

Il est à peine besoin de noter, au reste, que le résultat ne change pas si l'on renverse les termes du rapport impliqué par la loi des contraires absolus [1]. La théologie et la métaphysique sont également viciées par leur dualisme actuel ou possible. Ontologique, ce dualisme introduit l'esprit dans la transcendance; gnoséologique, il le jette dans l'agnosticisme. Mais la route parcourue est pareille dans les deux cas. Des antinomies insolubles la parsèment, qui dérivent de l'antinomie primordiale, du postulat dualiste générateur des contradictions futures.

Toute science abstraite s'affirme nécessairement ainsi qu'une synthèse de qualités perçues par l'intelligence dans les choses. *Scire est tenere genus seu formam qua res fiat.* Mais ces

---

[1]. Si l'on attribue, par exemple, au noumène, à Dieu, à l'unité transcendante le signe $+$, et au phénomène, à l'univers, à la pluralité empirique le signe $-$.

genres ou ces « formes » jouissent d'une ampleur différente, ce qui sollicite l'esprit à les classer, à les grouper en un ordre hiérarchique. Il appert, d'ailleurs, qu'un tel ordre coïncidera avec celui des phénomènes : conclusion que l'école positive apprécia à sa juste valeur et dont elle se prévalut pour bâtir une classification qui devint vite célèbre. Néanmoins, cette école eut peut-être le tort d'étager les sciences, de les disposer en une série pyramidale, au lieu de les faire rentrer les unes dans les autres comme autant de sphères concentriques, avec leur contenu régulièrement gradué.

La sphère la plus vaste, la synthèse quantitative, établit des rapports dont on peut dire, sans le moindre paradoxe, que leur universalité constitue leur spécialité. Car précisément leur caractère universel les distingue des rapports que les autres sciences observent.

Par là se trahit l'extrême importance des idées mathématiques pour le problème qui nous occupe. Avec ces idées et la longue théorie de symboles qui s'y substituent sans clairement s'annoncer à la conscience, jonglèrent jadis, merveilleusement habiles, les philosophes de l'Un-Tout. Les concepts mathématiques firent irruption dans le champ de la philosophie et bientôt l'envahirent. Aussi n'hésitâmes-nous pas à leur donner, en ces pages, une place d'honneur.

Le temps, le non-temps ou l'espace; le nombre, le non-nombre ou le continu; la succession, la non-succession ou la coexistence; le fini, le non-fini ou l'infini; le multiple, le non-multiple ou l'un : quel choix d'antithèses éternellement irréductibles, d'antinomies à jamais insolubles! Aussi irréductibles et insolubles, en vérité, que peut l'être, selon les lois les plus sûres de la logique, l'opposition-type dont toutes ces modalités procèdent et que, toutes, elles reproduisent et reflètent : l'opposition du même au même, de A à A! Autant de couples de contraires surabstraits ou absolus et, par suite, équivalents. Autant de dédoublements fallacieux du genre unique et suprême, de l'abstraction la plus haute que la pensée puisse atteindre et qu'elle persiste néanmoins à traiter selon les habitudes acquises dans le passage du concret à l'abstrait et selon les règles propres aux degrés abstractifs intermédiaires. En un mot, autant de synonymes qui s'emploient à nuancer, de diverses et subtiles façons, l'attribut universel de la quantité, soit encore le concept de l'universalité, de l'unité dernière des choses.

Les sphères renfermées dans la précédente, depuis la connaissance physique jusqu'au savoir biologique inclusivement, exemplifient la même tendance fondamentale. Avec un succès chaque jour plus décisif, le mécanisme exprime tous les faits physico-chimiques et tous les faits biologiques à l'aide de formules ne relevant, en définitive, que de la sensation tactile. Par la sensibilité ainsi unifiée et concentrée, nous échappons à la sensibilité multiple et dispersée des époques de préparation. Voilà un premier et sérieux avantage. Mais combien sa valeur ne s'accroît-elle pas si l'on analyse la nature intrinsèque, essentiellement quantitative, du mouvement! On se voit alors persuadé d'envisager ce concept ainsi que le signe de l'attribut universel déjà décelé, sous tant de faces similaires, par le savoir mathématique. Le mouvement n'est qu'un aspect de l'existence générale successive ou discontinue ; il est du temps objectivé, de la conscience extériorisée ou projetée dans les choses qui la remplissent du dehors. Ainsi s'éprouve et se certifie une fois de plus la fatalité de l'opération mentale qui sur l'objectif modèle le subjectif et sur le subjectif règle l'objectif.

Le savoir humain chercha toujours à se composer une contenance prodigieusement énigmatique. Mais il faut pénétrer le symbole, il faut arborer avec hardiesse une méthode d'abord employée d'une façon restreinte ; il faut reconnaître que, par son mécanisme quasi extérieur, la science ramène la série infiniment variée de ses analyses à la synthèse unique du temps, de la durée, de la conscience. Le monisme mécanique ou quantitatif n'est qu'une répercussion, une réaffirmation du monisme logique. Tous deux exposent le même rapport d'égalité universelle.

Donc, de la quantité à la vie, toute connaissance du monde tend à se révéler ainsi qu'une unité continue. Qu'il étudie les faits quantitatifs plus généraux, ou qu'il analyse les faits physiques, chimiques, vitaux, de plus en plus particuliers, l'esprit ne cesse de remarquer la situation nécessairement concentrique des parties du savoir. En ce constat s'épuise le contenu de l'idée unitaire sous ses deux formes normales et consécutives : le monisme logique et le monisme scientifique (mécanique aujourd'hui).

D'autres faits cependant appellent, et même anxieusement, notre attention. Nous attachons une importance sans égale aux phénomènes qui éclairent pour nous l'obscurité mystérieuse du monde externe, aux phénomènes de conscience individuelle et collective, aux faits psychiques, aux faits sociaux. Or donc, où situerons-nous ces faits? Les ferons-nous rentrer dans le cadre des événements biologiques dont ils ne formeraient, dès lors, que le noyau réduit et concentré? Ou leur assignerons-nous une position excentrique quelconque?

Chaque fois qu'il s'agit de répondre à cette question capitale, les savants s'effacent volontiers devant les philosophes. Ils tiennent sans doute à nous convaincre de l'immaturité profonde qui caractérise encore la plupart des problèmes psychiques et sociaux.

Scrupules dont ne s'embarrassent guère les métaphysiciens! Écoutons les fabuleux récits de ces intrépides voyageurs au pays de l'Inconnu : « L'esprit est quelque chose qui n'a pas de parenté avec les autres existences. De la science qui découvre par introspection les lois de l'esprit, il n'y a aucun passage, aucune transition graduelle aux sciences du monde extérieur.... Nous pouvons réussir à déterminer la nature exacte des changements moléculaires qui ont lieu dans les cellules cérébrales quand on éprouve une sensation ; mais cela ne nous rapprochera pas d'un cheveu de l'explication de la nature fondamentale de ce qui constitue la sensation. L'un est objectif, l'autre est subjectif et aucun des deux ne peut être exprimé comme fonction de l'autre.... L'abîme qui existe entre ces deux classes de phénomènes, les états organiques et les faits de la conscience, demeurera toujours intellectuellement infranchissable.... Jamais nous n'arriverons à la démonstration qu'un mouvement peut cesser en tant que mouvement et renaître sous forme de sensation lumineuse, auditive ou gustative. Toujours nous aurons un gouffre également grand entre le dernier état des éléments matériels, que nos moyens nous permettent de constater, et la première apparition de la sensation. »

Laissons le dualisme du savoir s'ériger en

dernier mot de la sagesse humaine. Les hypothèses à longue échéance, les suppositions immédiatement invérifiables n'inclinent que trop à se prendre elles-mêmes pour des vérités démontrées. Mais si l'on songe combien la psychologie rudimentaire de nos jours est loin d'avoir établi scientifiquement la vraie nature des concepts de quantité, de temps, d'espace, de mouvement, de matière, on ne peut s'empêcher de trouver cette prétention aussi intempestive qu'exorbitante. Comment, du reste, ne pas admirer la candeur de certains philosophes qui peut-être comptent nous faire prendre le change en nous donnant leurs hasardeux postulats dualistes pour une simple confession d'ignorance? Pourquoi pas pour un acte de contrition? Une hypothèse proclame toujours un doute. Les monistes n'auraient-ils donc pas la même licence d'hésiter, et de dire leur incertitude?

Somme toute, nous ne reprochons pas leur incompétence en matière psychologique aux doctrines par nous combattues. Ce manque de notions exactes apparaît, malheureusement, comme la tare commune de ce siècle qui en hérita des périodes précédentes. Mais en ces théories pessimistes aussi hypothétiques pour le moins que les nôtres, ce qui nous choque, ce sont les nombreux illogismes où elles tombent, les contradictions de pure forme qui les déparent. A notre tour, certes, il nous faut admettre une regrettable solution de continuité entre la connaissance de la nature extérieure et le savoir psychologique. Dans cet ordre d'idées, les expériences décisives font presque entièrement défaut. Mais comment les ratiocinations vides et les *lapsus* logiques répareraient-ils de telles brèches?

Citons un exemple frappant. Le chef de l'école évolutionniste nous le dit en propres termes : « Si nous étions contraints de choisir entre l'alternative de traduire les phénomènes mentaux en phénomènes physiques, ou de traduire les phénomènes physiques en phéno-

mènes mentaux, la dernière hypothèse semblerait la plus acceptable des deux… Il semble plus aisé de traduire ce qu'on appelle *matière* en ce qu'on appelle *esprit*, cette dernière opération étant, en vérité, complètement impossible [1]. »
Ainsi, des cas peuvent se présenter, imprévus de l'algèbre et de la logique ordinaires, dans lesquels l'équation A = B n'entraînerait plus avec soi la conséquence B = A, déclarée formellement inconcevable!

Autre illogisme spécieux dont on nous rebat sans cesse. Volontiers l'on étiquète sous le vocable « mouvement », volontiers l'on regarde comme des « modes mécaniques » de l'existence les phénomènes qui pourraient aussi bien s'étiqueter sous le signe « matière » ou s'envisager comme des « modes matériels » de l'être. Mais combien l'on hésite à accorder cette double faculté à l'élément formateur de la vie psychique, à la sensation! Et pourtant les

---

1. Spencer, *Principes de psychologie*, trad. Ribot, t. 1, 63, p. 160, 162.

sciences qui analysent les phénomènes de calorique, de son, de lumière, de chimicité, de vie, n'assimilent-elles pas au mouvement et, par suite, à la matière les sensations tactiles, visuelles, auditives, gustatives et olfactives? En coûterait-il plus de réduire au même dénominateur la sensation en général, après y avoir rapporté les sensations particulières sans en omettre aucune? Pour avoir reçu de nous le nom d'événements objectifs, les sensations se modifièrent-elles soudain dans leur essence? Quand la distinction entre l'aspect externe et l'aspect interne d'un phénomène ne devient pas mensongère, elle indique la dualité du moyen, soit indirect ou objectif, soit direct ou subjectif, par lequel on réussit à connaître ses propriétés.

Mais il y a plus. Le mouvement dans lequel on arrive à fondre les faits matériels (c'est-à-dire, en réalité, nos images, nos idées concrètes ou composées), se résout lui-même en une abstraction ayant pour point de départ la sensation tactile, source de toutes les autres. Le mécanique se révèle dès lors comme le psychique ramené à sa manifestation la plus simple, la plus obscure aussi sans doute.

Nous pourrions remplir des pages et encore des pages pour expliquer comment nous entendons le vrai monisme et comment nous sommes monistes. Nous allons le dire en peu de mots. Toute distinction *générale* entre l'esprit et la matière nous froisse ainsi qu'un pur non-sens logique. Peut-être cette séparation servit-elle de prototype au reste des antinomies, et peut-être fut-elle primitivement engendrée par le contraste du temps (succession) et de l'espace (continuité), — contraste d'ailleurs artificiel, lorsqu'on dépasse les abstractions intermédiaires et qu'on généralise dans le vague, comme cela arrive presque toujours en philosophie.

Partant, rien ne nous étonne plus que la crainte, qui hante encore les cerveaux, de rapprocher la pensée du mouvement et, par là, de la matière. En quoi une pareille solution pourrait-elle offusquer ceux qui acceptent de réduire au mécanisme la totalité des éléments (envisagés comme objectifs) dont se compose la *somme entière* de nos idées? Cette assimilation nous paraît suivre d'une manière toute naturelle celle qui, dans le concept d'*existence*, réunit la pensée et le mouvement. Car, sauf la différence entre les procédés mis en usage, les deux réductions n'en font qu'une. L'idée de mouvement garde dans la science exacte le rôle même que tient, dans le raisonnement pur, la notion d'*être* et, dans la grammaire courante, la copule *est*. Toujours et partout nous sommes induits à affirmer le rapport universel qui lie entre eux les rapports quelconques.

Une parité évidente se découvre entre le genre et toutes ses espèces, entre l'abstraction dernière et toutes les idées qu'elle contient. Dans le langage usuel, ce rapport d'égalité s'exprime par le concept ontologique lui-même.

Ici nulle hésitation. L'identité surgit au simple énoncé d'un terme du rapport.

Les choses semblent se compliquer lorsque, délaissant l'ordre qualitatif, nous abordons les spéculations quantitatives ou scientifiques. Là encore, entre les relations universelles des phénomènes et la somme de leurs relations particulières, entre l'Un-Tout et l'ensemble de ses propriétés distinguées comme physico-chimiques, vitales et psycho-sociales, un lien rationnel, un rapport existe que nous aurions grand profit à déterminer. Mais, pour cela, il faudrait pouvoir signifier ce rapport ou le traduire symboliquement. Car, isolé, aucun des deux termes — ni les relations universelles, ni les relations particulières, ni l'Un-Tout, ni ses attributs — n'évoque l'idée intégrale du rapport lui-même. Trouver un tel signe ou symbole abstrait devient, par suite, une œuvre que la science ne peut s'épargner et par laquelle, à vrai dire, elle débute.

A notre sens, ce rôle échut de bonne heure

au concept mécanique. Plus tard on se préoccupa de la nature intime du rapport que l'idée de mouvement suscite dans l'esprit. On émit à ce sujet des hypothèses souvent déconcertantes. Qu'il nous suffise de rappeler que tantôt on objectiva le mouvement, on le substitua aux phénomènes, on confondit le lien rationnel avec les termes qu'il devait unir; et que tantôt on méconnut soit l'universalité du rapport qu'on mutila d'une façon arbitraire, soit sa signification juste et sa vraie portée.

Pour nous, répétons-le, le mécanisme possède la valeur d'une équation en tout semblable à l'équation ontologique qu'il se borne, du reste, à préciser. Simple fonction de la quantité, le mouvement transpose, de l'ordre logique dans l'ordre mathématique, le rapport universel et constant d'égalité qui se manifeste entre n'importe quelle catégorie d'événements chaque fois qu'on en fait des « objets de connaissance pure », qu'on les ramène à des abstractions élémentaires connues sous le nom de « limites » (surfaces, lignes, points), ou à des abstractions composées, à des « systèmes de limites ». Ce rapport, en un mot, identifie la quantité, les relations universelles des choses, avec l'ensemble de leurs autres relations, la somme des phénomènes qui emplissent le monde. Nous apprenons ainsi à démêler le vrai caractère du *monisme scientifique*. Par le mécanisme universel, la science tâche de soumettre la totalité des événements à la règle quantitative. Très supérieur aux vagues exercices de l'ancienne ontologie verbale, cet effort néanmoins ne va pas à l'encontre du monisme rationnel. Il profite, d'une manière plus stable, au même dessein, et se confond, en dernière instance, avec l'unité logique.

Pour le logicien qui agrée la thèse de l'identité des contraires, la négation du matérialisme par l'idéalisme, et le syncrétisme sensualiste, ne conservent qu'un intérêt rétrospectif ou historique. A ses yeux, la distinction entre un fait matériel et un fait psychique ne semble ni plus ni moins nécessaire que la séparation analytique entre deux faits particuliers quelconques. L'esprit, s'il s'exerce sur des groupes de plus en plus complexes, s'il les divise et les réunit, ne varie point les procédés par lui employés alors qu'il opère sur des groupes comparativement simples. D'ailleurs, loin de nous exiler de la psychophysique et de la psychologie *élémentaires*, les étiquettes « matériel » et « psychique » nous y installent définitivement. Généralisés d'une façon absolue, les faits dits matériels et les faits dits psychiques ne sauraient, sans contradiction dans les termes, se particulariser et, partant, se différencier.

Bien qu'avec une certaine inconscience, le métaphysicien ne se lasse point de professer la même vérité. Par malheur, son monisme ne donne pas la ferme conclusion que l'esprit trouve s'il a soumis ses jugements au contrôle de l'expérience indirecte ou même immédiate. La transcendance métaphysique reste proprement le fruit d'une confusion inaperçue entre les modes d'agir de la science et ceux de l'art. La fantaisie, personnelle et collective, y détient un office considérable. Le concret et l'abstrait ne s'y disjoignent pas d'une manière nette. L'hypothèse universelle y occupe régulièrement la place de l'hypothèse particulière. Comme conséquence, l'unité rationnelle s'y enfle d'une façon aussi monstrueuse que chimérique. Mais la contradiction latente guette ce défaut d'équilibre. Le moniste transcendant n'est jamais un vrai moniste. Se déclarer matérialiste, ou idéaliste, ou sensualiste implique un grossier paralogisme [1].

1. En effet, comment les uns pourraient-ils combattre les autres, sans verser dans l'antilogie que plus haut nous signalâmes chez Spencer, sans affirmer, d'une haleine : A est égal à B qui, néanmoins, demeure inégal à A?
Au surplus, il ne suffit pas d'admettre, avec un grand nombre de philosophes et de savants, que le fait physique et le fait psychique signifient un seul et même fait, reconnu par deux voies différentes. L'unité ne s'établirait pas sérieusement sur cette base dualiste. Il conviendrait, pour cela, de ne pas dédoubler la méthode; et les procédés mathématiques s'y prêtent avec facilité. En désignant, par exemple, le mouvement par M, la sensation par S, les propriétés physico-biologiques concrètes par x, les mêmes propriétés *in abstracto* par y, les propriétés psycho-sociales

En remontant aux origines du problème monistique, si souvent identifié avec celui qui traite l'au-delà du savoir, il semble qu'on découvre l'illusion suprême, la *summa delusio*. Gouvernée par la loi psychologique ou bio-sociale de l'identité des contraires absolus, elle nous fait prendre deux aspects subjectifs d'une même réalité pour deux réalités objectives différentes.

Dans cette vue, le monisme transcendant apparaît comme la négation « ultra-abstraite » du monisme purement logique. Peut-être faudrait-il recueillir dans la même classe mentale le contraste du « simple » et « du complexe », élevés à la hauteur de marques ultimes se substituant peu à peu à la distinction entre

---

concrètes par x′, et les abstraites par y′, nous pouvons dire que $M > x$ et $< y$, et que $S > x'$ et $< y'$; or, si l'on rapproche les variables x, y, x′, y′ de leur limite commune a (abstraction pure), on aura nécessairement : $M = a$; et $S = a$; donc $M = S$. Malheureusement, une démonstration mathématique ou, ce qui revient au même, une démonstration logique, ne convaincra jamais ceux dont elle heurte une passion forte ou une habitude mentale invétérée.

l' « abstrait » et le « général »[1]. On y rangerait encore, dans des circonstances analogues, le rapport de l'unité à la multiplicité, la première nous voilant l'idée d'abstraction, et la seconde, l'idée de généralité[2].

Quant au paradoxe sur « l'identité des oppositions absolues », il se légitime par le principe qui, commandant la logique entière, prend naissance dans le fait cérébral de l'indissolubilité, temporaire ou permanente, de certains états intellectuels.

---

1. Voir à ce sujet la note A, à la fin du volume.
2. D'ailleurs, de l'unité la plus transcendante au monisme le plus empirique, la transition s'effectue facilement par le pont aux ânes de l'irréductibilité entre les grandes classes de phénomènes naturels. Certains systèmes modernes en vinrent ainsi à exalter le pluralisme au moment même où la science exacte commençait à fortifier ses positions monistiques. Mais, toute en surface, cette nouvelle tendance semble prouver une fois de plus que la structure extérieure des systèmes du monde peut largement varier sans que leur constitution intime s'en ressente d'une façon appréciable ; ou, en d'autres termes, que, dans l'évolution intellectuelle, les processus morphologiques se déploient selon un mode versatile et rapide en désaccord avec la lenteur et l'immobilité apparentes des processus idéologiques plus profonds. Voyez, à la fin du volume, la note B : *Sur les transformations de la philosophie.*

Ce paradoxe dissipe quelques graves erreurs qui s'abritaient derrière l'équation $A = A$. Il s'ajoute d'ailleurs à cette impeccable formule comme un corollaire qui la creuse, qui la développe, qui astreint le principe d'identité à nous tenir lieu de norme ou de guide pour, du multiple objectif, faire émerger l'un subjectif. Les concepts que synthétise la loi des contraires expriment invariablement l'idée de totalité ou de l'Un. Ils se présentent toujours, par suite, comme des indissolubilités réelles de nos états psychiques. Opposer entre eux ces symboles d'origine diverse, mais d'aboutissement et de signification pareils, est une vaine tentative de l'esprit, une projection ou dispersion imaginaire des grandes lignes, nécessairement convergentes, de la connaissance. A ce stérile jeu si conforme à l'âge infantile des idées générales, s'acharna et s'usa la philosophie. Mais son dualisme, après nous avoir promenés d'équivoque en équivoque, et nous avoir conduits de la transcendance à l'état agnostique, témoigne hautement aujourd'hui, par la méthode de la réduction à l'absurde, en faveur de la vérité immanente du monisme rationnel.

La loi des contraires transforme le problème de l'unité en une sérieuse recherche de psychologie ; et un nouveau progrès s'accomplit par l'analyse des vastes concepts génériques où vient culminer la pensée après son passage du particulier au général. Parmi ces concepts, les idées de quantité, de limite, de mouvement tiennent la première place. L'examen attentif de la notion de quantité nous initie à la vraie nature de l'unité logique. L'étude de la notion de limite nous dénonce le vide prétentieux de l'unité transcendante qui, loin d'illuminer le mystère du monde suprasensible, s'attarde aux abords du savoir dont elle vicie et dénature les données rudimentaires. Enfin, l'analyse approfondie de la notion de mouvement nous découvre les traits constitutifs de l'unité scientifique.

Les conclusions générales que provoque

l'étude du *concept de mouvement* furent déjà esquissées d'une façon rapide dans ce chapitre. Essayons maintenant de résumer les résultats obtenus par l'analyse des concepts de quantité et de limite.

Le concept de quantité. — Attribut universel, qualité inhérente à tout ce qui existe, la quantité manifeste devant notre esprit, par l'entremise des sens, deux faces originellement bien distinctes : l'unité et la multiplicité. Mais le caractère superficiel, pour ne pas dire décevant, d'une telle différenciation, se trahit vite lorsqu'une science plus mûre l'éprouve par certains de ses axiomes, celui, par exemple, de la divisibilité infinie de la matière. S'aidant de déductions très simples, l'expérience nous dicte peu à peu une conception unitaire de ces deux grands aspects du monde. Leur contraste absolu se reconnaît pour une illusion que nos sens engendrent et transmettent à l'esprit; leur contraste absolu, mais non pas leur différence spécifique et contingente. Celle-ci connote et symbolise le rapport mental entre le particulier et le concret, d'une part, et le général et l'abstrait, de l'autre. Elle en possède toute la réalité. La vraie nature de ce rapport se détermine, d'ailleurs, sans peine. Il suffit pour cela de faire dériver la pluralité latente de la pluralité actuelle, ou inversement. Par suite, l'unité et la multiplicité se définissent comme deux formes mobiles et transposables l'une en l'autre, d'un seul et même acte conscientiel [1].

Le monisme rationnel de la science et de la philosophie s'annonce de la sorte comme une nécessité psychique ou même psycho-physique, un besoin impérieux que nos facultés apaisent justement parce qu'elles s'estiment égarées dans le chaos de nos sensations et, plus tard, de nos connaissances. Le souci d'arrêter ou de dominer la dispersion de l'intelligence

---

1. Rappelons, en passant, que la même méthode pourrait aussi bien s'appliquer à l'étude des concepts de temps et d'espace, de nécessité et de finalité, de causalité et d'identité.

dans le milieu qui l'environne, devient pour nous une préoccupation constante. A cette fin pourvoit l'intégration idéale, — synthèse subjective intimement liée aux processus extérieurs de la concentration matérielle par un rapport, soit de cause à effet, soit d'effet à cause.

Le concept de limite. — L'idée de limite joue un rôle important dans l'histoire mentale de l'humanité. La science et la philosophie lui sont redevables d'autant de notions justes et de méthodes sûres que d'illusions et de procédés trompeurs. Les trois grandes abstractions schématiques ou les trois mesures spatiales du géomètre ressurgissent dans les noms communs du langage habituel, dans les termes généraux de la science, dans les concepts limitatifs de la philosophie. Toujours l'idée de limite servit à assurer la marche régulière du raisonnement d'analyse; mais souvent aussi elle enraya l'essor de la pensée synthétique. Pour qu'elle ne le pût faire, il eût fallu développer cette idée pleinement, et pénétrer à fond son symbolisme bilatéral, l'antithèse conventionnelle du fini et de l'infini, du multiple et de l'un, du concret et de l'abstrait. Les sciences exactes ne jugèrent pas la tâche au-dessus de leurs forces. S'inspirant des méthodes mathématiques, ces disciplines conçurent le monde à la fois comme limité par les modes logiques du concret, et comme infini dans son ensemble, dans son essence.

Singulièrement autre fut l'évolution du même concept dans les demi-sciences qui s'incorporaient aux recherches philosophiques, telles la psychologie et la théorie du savoir. Restée réfractaire aux méthodes quantitatives, cette série mentale se plia au joug d'une logique spécieuse et inféconde. On jongla curieusement avec l'idée de limite et ses corollaires, les notions de fini et d'infini. On scinda le monde — le monde idéal, bien entendu — en deux parts. On les sépara par une barrière à la fois flottante et infranchissable. On osa prétendre avoir découvert une antinomie préexistante à l'esprit qui l'avait imaginée. On conçut et accepta l'*a priori*, puis on le répudia. Mais on laissa intacts les linéaments généraux de la vieille méthode des contradictions irréductibles, on méconnut la nature et la fonction véritable de la synthèse rationnelle, on lui objecta une synthèse dite réelle ou transcendante, on persista quand même et malgré soi dans le dualisme.

Quelques mots encore en manière de conclusion.

Selon nous, la philosophie doit satisfaire à deux obligations théoriques distinctes. Nous réclamons l'une en nous plaçant au point de vue de son objet, et l'autre en considérant sa méthode seule.

Lorsqu'elle entrera dans le période de raison, prochain sans doute, la philosophie devra suivre la loi de ce période. Au lieu de demeurer multiple, *différentielle*, partielle, comme la métaphysique, elle deviendra une, *intégrale* et universelle. Elle s'édifiera sur la somme complète des branches du savoir. Pour la première fois, elle s'étendra à l'univers entier.

La métaphysique subissait la loi des trois types. Malgré qu'elle en eût, elle se divisait en matérialisme, idéalisme, sensualisme. Ce partage répondait d'une manière admirable aux besoins de l'époque, aux impuissants efforts du savoir pour atteindre ses degrés supérieurs et parcourir le cycle des phénomènes. La règle différentielle servait ainsi d'exutoire temporaire à la loi fondamentale et permanente qui établit une corrélation entre l'état de la philosophie et les progrès des sciences. De nos jours encore se poursuit cette adaptation; et la philosophie moderne continue à s'effriter en positivisme, criticisme et évolutionnisme, accusant par là les lacunes de la psychologie et de la sociologie.

Au point de vue de la méthode, nos *desiderata* ne sont pas moins faciles à formuler. Despectueuse d'une coutume consacrée par les siècles, la *philosophie intégrale* tracera une ligne de sévère démarcation entre ses procédés méthodologiques et ceux de la science. Elle évitera les hypothèses inductives convenant si bien à la détermination des parties d'un tout, et si mal à l'intelligence de l'ensemble, puisqu'elles entraînent nos idées vers les antinomies et les illogismes. Elle ne sera pas, comme la philosophie positive, empirique et inductive; ni rationnelle en même temps qu'hypothétique, comme le criticisme. Elle ne cheminera pas non plus par toutes les routes à la fois, comme la philosophie hybride qui aujourd'hui se pare du nom porté par l'une des plus belles parmi les doctrines de la biologie. Elle se recommandera uniquement des données vérifiées, des certitudes du savoir. Elle s'affirmera donc, en ce sens, comme *expérimentale*. Mais elle ne cessera point, pour cela, d'être *rationnelle*. Des lois les plus générales dans toutes les catégories de phénomènes, elle cherchera à *déduire* l'ordre et la loi du monde. Du plus abstrait, elle ira au moins abstrait, ou des éléments —

les sciences —, à leur composé — une conception homogène de l'univers. Elle acquerra nécessairement de la sorte l'*autorité religieuse* dans la large acception du terme. Elle guidera la vie morale et dirigera le grand œuvre humain.

En somme, donc, nous voulons l'*intégration déductive* à la place de la *différenciation inductive*. Nous posons résolument, sincèrement, l'unité devant la dualité : le monisme logique développé et appliqué par la science, devant le monisme extrarationnel ou transcendant, envisagé par nous ainsi qu'une fin de non-recevoir, et une défaite de l'idée unitaire elle-même.

NOTE A

SUR L'UNITÉ LOGIQUE

La solution la plus simple du problème de l'unité ressort, peut-être, de l'application qu'on peut faire, dès aujourd'hui, à ce problème, de la loi qui, réglant l'identité des oppositions générales, s'appuie sur une double base physiologique et sociologique. Car si l'unité du monde vers laquelle la philosophie gravita depuis ses commencements, nous semble encore une chimère, ce n'est point sur la prétendue tendance des penseurs à pénétrer le tréfonds inviolable des choses, mais bien plutôt parce que leurs concepts unitaires appartenaient presque tous à la grande classe des négations ultra-abstraites, fatalement vaines, impuissantes et fausses. En vérité, cette terre promise des philosophes n'a jamais cessé d'être à leur portée, en leur pouvoir, tel le sol que nous foulons journellement avec indifférence. Et loin d'offrir un but si élevé qu'il en paraît inattingible, l'idée monistique fut constamment le soutien le plus ferme de la philosophie.

Mais se réduire à « l'abstrait suprême », participer en commun, dirait un platonicien, à une idée unique, l'idée d'existence, la plus enveloppante de toutes et, par là même, la plus pauvre, cela vaut-il mieux qu'être irréductible ?

Bien que maintes fois mise en avant, cette objection ne prouve pas que l'unité logique possède une valeur fictive, comme on l'affirme en s'aidant de l'amphibologie du langage abstrait. Au cours d'autres ouvrages, j'appelai un tel monisme relatif et conditionnel, et je le comparai à une façon de conscience scientifique réunissant les membres épars du savoir particulier en un tout compréhensif et intelligible. C'est, disais-je, une systématisation qui mène à l'unité sans jamais l'atteindre, et qui oscille, comme cette autre systématisation, le moi, entre les deux points extrêmes où elle ne se découvre plus : l'unité et le chaos purs [1].

---

[1]. *Ancienne et Nouvelle philosophie*, p. 322-3. Et j'ajoutai : « La question de la possibilité de réunir en une synthèse

Je crois pouvoir compléter maintenant cette proposition par deux traits. L'unité logique dérive du pluralisme des faits réels comparable à leur incoordination absolue ; et, d'autre part, elle ne doit jamais se prendre pour son propre fantôme — l'œuvre décevante qui consiste à rallier la multiplicité phénoménale sous l'unité supposée de la matière, de la vie, de l'esprit.

L'unité logique demeure une unité psychologique. Et puisque nos idées résument et synthétisent nos sensations conditionnées, à leur tour, par les faits extérieurs, autant dire de suite que l'unité mentale s'éprouve comme un lien biologique et physico-chimique. A la vérité, certains esprits s'obstinent à confier aux psychologues le soin de concilier le matérialisme avec l'idéalisme. Mais cela ne vient-il pas de ce que ces intelligences s'accoutumèrent de longue date, et par l'abus même qu'elles en firent, à ne voir partout que de pareilles synthèses ?

C'est par sa fausse méthode que l'ancienne philosophie prête le flanc aux plus vives critiques. On s'en convainc avec facilité si, pour juger telle ou telle question, on se place alternativement au

supérieure l'unité idéale et l'unité réelle des phénomènes — cette quadrature du cercle en philosophie — cesse d'être une question, dans le sens scientifique du terme. »

point de vue des écoles les plus disparates. Toutes, par exemple, affrontent la périlleuse contradiction de ne pas vouloir se satisfaire d'un monisme purement logique. Le matérialiste rejette l'unité rationnelle des choses sans prendre garde que, pour lui, la pensée se résout en matière et en mouvement. Le même dédain est partagé par l'idéaliste, malgré qu'il ne souffre de réel que l'idée. Enfin un reproche égal atteint le sensualiste. Les divers systèmes constituent autant de manières différentes de désigner un fonds pareil d'illusions déterminées par les lacunes du savoir. On l'oublie néanmoins presque toujours, on exagère, on grossit outre mesure ces dissemblances de pure forme.

Considérons encore une nouvelle difficulté. Dans l'ensemble des choses, le « psychique » se signale par son extraordinaire complication. Mais les idées de « simple » et de « complexe » associées, la première, à la notion d'unité, et la seconde à celle de multiplicité, n'impliquent-elles pas une véritable superfétation de termes?

Si l'on songe aux nombreuses défaillances de la psychologie moderne, on ne s'étonnera pas de l'obscurité qui s'amoncelle en ce point. L'antinomie du simple et du complexe ne rentre-t-elle pas elle-même dans la classe des contraires « surabstraits » dont la nature et les conditions d'existence ne furent jamais étudiées d'une façon scientifique?

Hasardons toutefois l'hypothèse d'une équivalence parfaite entre ces deux concepts admis pour des généralisations ultimes de l'esprit. A tous les degrés inférieurs de l'échelle abstractive, l'idée de complexité garde le caractère d'une négation véritable de l'idée de simplicité, et l'antithèse s'efface devant une idée générique plus vaste. Ainsi, par exemple, l'animal, déclaré à bon droit plus complexe que la plante, pourrait, à ce titre seul, se définir comme une non-plante. Mais le genre — la vie ou l'existence organique — qui embrasse ces deux espèces, en rétablit l'unité; et l'on voit aussitôt combien peu il conviendrait de s'enquérir de la simplicité (ou de la complexité) du genre « vie » par rapport à l'animal ou à la plante [1].

Là encore règne l'ancien malentendu des controverses touchant la différence entre l'abstrait et le général [2]. La première de ces notions ne voile-t-elle pas l'idée de l'un, et la seconde celle

---

1. Il ne faut pas se laisser induire en erreur par l'indétermination qui s'attache à tout concept négatif. Si l'esprit n'a pas soin de corriger ce vague, en faisant prédominer, dans la négation, quelques traits fondamentaux du concept positif, il arrive d'emblée à la généralisation la plus haute, à l'unité logique. Voir mon livre sur *l'Inconnaissable*, p. 170-180.

2. Voir ma *Sociologie*, p. 70 et *passim*.

du multiple? Et les faire coïncider, n'est-ce pas forcer le monisme et le pluralisme à se réunir, à se confondre?

En une certaine mesure, nous l'entendons bien ainsi. L'équipollence de l'abstrait et du général offre, à notre gré, un des cas les plus probants pour la loi de l'identité des contraires. Beaucoup de penseurs, au reste, ont déjà spontanément reconnu cette synonymie, et le jour semble proche où la psychologie scientifique imposera à tous, par des preuves irréfutables, une égale conviction.

Pour nous, « l'abstrait » et « le général » expriment une réalité identique, l'un au point de vue du « détachement de cette réalité de cas nombreux », et l'autre, pour ce qui concerne sa « manifestation en ces mêmes cas nombreux ». Si donc la généralité se perd dans la multiplicité d'un attribut, l'abstraction s'y dissout à son tour. En effet, moins une qualité suppose sa propre répétition dans les choses environnantes, et plus évidemment elle participe de la nature concrète de ces choses.

D'ailleurs, une négation fausse dans l'ordre abstrait termine toujours une série de négations vraies dans l'ordre concret. L'opposition illusoire de l'abstrait et du général suppose donc une longue suite d'oppositions réelles [1]. La plus rapprochée,

1. Dans ma *Sociologie* j'ai répondu par la négative à la

vraisemblablement, de l'échelon ultime est celle du monisme et du pluralisme, de l'unité et de la multiplicité, et, corrélativement, de la simplicité et de la complexité. Il peut s'agir de l'unité (simplicité) et de la multiplicité (complexité) quantitative ou qualitative (physique, chimique, biologique, psychique, sociale), — le résultat ne changera point. La contradiction ne conserve sa pleine valeur que si nous ne quittons pas le terrain des phénomènes concrets et particuliers. Et l'antithèse primitive va s'affaiblissant jusqu'au terme final, réalisé par le monisme rationnel des choses. Arrivée à ce point, elle s'évanouit complètement [1].

question de savoir si l'abstrait pouvait, en certains cas, s'opposer au général. Et je crois avoir eu raison en ce sens que les discussions philosophiques portent presque toujours sur des concepts d'une extrême amplitude. Mais l'obstination de M. Spencer à séparer quand même l'abstrait du général permet de croire qu'il a en vue des idées d'un ordre relativement inférieur.

1. Cf. *Sociologie*, p. 137 et *passim*.

NOTE B

SUR LES TRANSFORMATIONS DE LA PHILOSOPHIE

Après avoir conduit les philosophes au monisme transcendant, la doctrine qui enseigne l'irréductibilité des grandes classes de phénomènes naturels tend aujourd'hui à jeter les penseurs dans l'excès inverse. Elle les ramène au pluralisme empirique.

Pour exister, toute science doit pouvoir d'abord se distinguer des sciences voisines. Elle s'adonne à l'étude d'un aspect unique de la nature. Mais cette limitation cherchée et voulue n'est qu'une méthode propre à atteindre la fin scientifique qui toujours s'efforce d'accroître notre connaissance du phénomène *particulier*.

Or, pour que cette tâche puisse s'accomplir dans sa plénitude, une condition semble requise : l'adaptation du moyen au but. On fait précisément le contraire, on asservit le but au moyen, quand on défend au savoir spécial de dépasser telles bornes tracées d'avance. On tombe d'ailleurs inévitablement en ce dilemme : ou bien l'irréductibilité alléguée appartient aux phénomènes seuls, ou bien elle a pour cause l'impuissance de l'esprit qui les observe ; ou bien nous sommes en présence d'une série d'hypothèses scientifiques visant à la non-identité des divers ordres de faits, ou bien nous avons devant nous une hypothèse psychologique sur la nature de l'esprit. Dans les deux conjectures, on nous interdit de vérifier certains postulats qui, par définition, ressortissent aux disciplines correspondantes. Par là on s'enferme, de toute évidence, en un cercle vicieux.

Peut-être dira-t-on que la totalité de nos suppositions particulières compose une hypothèse philosophique. Soit. Mais il faudra nous concéder que celle-ci échappe à nos essais de contrôle. Car toute tentative qui se proposerait de la documenter par l'expérience, aboutirait, sans faillir, à la spécialiser. Que si, au contraire, l'hypothèse reste indéfiniment une hypothèse, sa sanction devient nulle pour le savoir positif qui n'a pas à se préoccuper d'une émasculation intellectuelle certaine, mais intéressant la philosophie seule.

En vain encore voudrait-on arguer de l'incompétence des sciences dans les questions générales. Cette objection décèle un verbalisme invétéré. Les problèmes généraux tirent leur substance de problèmes spéciaux et se trouvent, par suite, toujours réductibles aux éléments concrets dont ils symbolisent l'ensemble.

La théorie de la relativité du savoir attribue à la nature de l'esprit humain l'impuissance de déchirer certains voiles étendus devant l'insaisissable réalité des choses. Ce dogme fut souvent tenu pour une initiative hardie qui creuse un abime entre deux modes de concevoir le monde : le type ancien, la philosophie absolue, et le type nouveau, la philosophie positive.

Dans quelques-uns de nos précédents ouvrages nous essayâmes de montrer le profond désaccord qui existe entre une pareille croyance et les données les plus sûres de deux sciences peu avancées, mais importantes, puisqu'elles étudient les lois de l'évolution intellectuelle : la sociologie abstraite et la psychologie concrète.

En appliquant à l'analyse des diverses théories de la connaissance l'idée de la *forme extérieure ou anatomique* selon la méthode comparative qui s'y greffe, et ensuite l'idée de *composition*, de *constitution psycho-sociale* selon la méthode de filiation qui s'y ente, nous conclûmes à l'antiquité respectable d'une foule de doctrines dont on loue le relief moderne. Et nous fîmes voir qu'une *morphologie* des systèmes philosophiques existait, en vertu de laquelle leur structure apparente pouvait varier dans des limites très larges, sans que leur composition intime en fût pour cela le moins du monde altérée. Dans l'ancienne philosophie, par exemple, les prémisses agnostiques se cachaient sous une accumulation d'erreurs au travers desquelles se trahissait vaguement leur conséquence logique, l'hypothèse relativiste. Dans la nouvelle métaphysique, au contraire, qui bénéficia du déblaiement général opéré par le progrès des sciences, ce corollaire acquit vite une autorité énorme. Il devint une force qui refoula bientôt vers la foi primitive au surnaturel, à l'éternel mystère. Aussi, et au lieu de faire dépendre les théories relativistes du postulat agnostique, beaucoup d'esprits contemporains se plaisent à considérer ce dernier comme la conclusion obligée des premières.

Quand une idée sommaire, mais abstruse, se transmue en l'idée directement contradictoire, ce fait psychique, comme nous l'avons expliqué dans notre livre sur *l'Inconnaissable*, relève entièrement de la loi de l'identité. Envisagée à ce point de vue, l'antagonisme entre l'ancienne philosophie de l'absolu et la moderne philosophie du relatif se dissipe et s'anéantit. Nous ne devons plus nous laisser tromper par le monisme transcendant des conceptions du passé, ni par le pluralisme expérimental en faveur chez les adeptes des systèmes nouveaux.

En effet, pour les vieux maîtres de la philosophie, « l'irréductible », dont on parlait à peine de leur temps, régnait, pour ainsi dire, sans phrases, en principe incontesté. Il occupait tous les domaines du savoir. Au siècle même de Bacon, l'arbre de science était aussi riche en branches principales que pauvre en rameaux secondaires.

Aujourd'hui le monisme formel semble tombé dans le plus profond discrédit. Le pluralisme des empiriques cependant n'a pas, pour cela, que je sache, fait de fort brillantes conquêtes. Ne subit-il pas le contre-coup d'un échec autrement sensible que la prétendue déroute infligée à la théorie adverse ? Tout récemment encore, n'avions-nous pas quatre ou cinq physiques parallèles, deux chimies au moins, que rien ne rapprochait, autant de biologies qu'il existait de grandes classes de phénomènes vitaux, et enfin une étrange collection de sociologies et de psychologies sous les noms variés de morale, de droit, d'histoire, de logique, etc.? Les choses, depuis, se sont modifiées. L'arbre scientifique ne compte actuellement que cinq branches essentielles, et la diminution progressive de ce nombre apparaît, aux yeux de la majorité des savants, comme une simple question de temps.

Dans ces diverses modalités de la connaissance nous saisissons, pour ainsi dire, sur le vif un trait caractéristique de la marche intellectuelle. Nous voyons les processus morphologiques se développer avec une grande rapidité. Des altérations notables surviennent dans la forme extérieure des mêmes éléments. Le pluralisme scientifique tantôt nous semble dominé par le monisme philosophique, et tantôt il offre le spectacle du rapport inverse. Au contraire, les processus idéologiques internes ou psycho-sociaux se déroulent avec beaucoup de lenteur; et ce retard se constate surtout quand on observe la partie de l'évolution mentale qui touche aux idées et aux doctrines philosophiques. Aussi voyons-nous se produire un résultat curieux. Dans la science proprement dite, le pluralisme perd chaque jour de son prix, et les idées monistiques gagnent du terrain. Par contre, dans la philosophie qui fut l'un des éléments les plus immobiles de la vie intégrale de l'esprit, le pluralisme a l'air de commencer une période de floraison, et le monisme d'inaugurer une phase de décadence. Mais en est-il vraiment ainsi? Loin de le penser, nous croyons plutôt que ce jugement renferme une dose d'erreur au moins aussi forte que celle contenue dans l'archi-vieille doctrine sur la vanité de toute connaissance. N'en serait-il pas, au reste, le simple écho ou le reflet?

FIN

TABLE DES MATIÈRES

AVANT-PROPOS.. v

Chapitre Iᵉʳ. Considérations préliminaires............ 1
— II. Du rôle des concepts négatifs dans les théories monistiques................ 11
— III. Sur quelques contradictions fondamentales de l'ancienne philosophie..... 21
— IV. De l'unité de la science. Les grandes synthèses du savoir................... 29
— V. De l'irréductibilité interscientifique...... 55
— VI. Le principe de l'inconcevabilité du contraire simultané et la loi de l'identité des oppositions générales...... 71
— VII. Le concept de quantité. Les monades et les pseudo-monades................ 83
— VIII. Le concept de limite et la relativité du savoir.......................... 97
— IX. Le concept de mouvement et le mécanisme universel...................... 119

Chapitre X. De la transcendance. De l'inconscience
　　　　　　　　des métaphysiciens.................　137
— 　XI. De la science universelle. Le point de vue
　　　　　　　　sociologique................ ....　147
— 　XII. Conclusion. *Summa delusio*..............　165

Note A. — Sur l'unité logique....................　213
Note B. — Sur les transformations de la philosophie.　221

Coulommiers. — Imp. Paul Brodard.

Juillet 1892.

ANCIENNE LIBRAIRIE GERMER BAILLIÈRE ET Cⁱᵉ

FÉLIX ALCAN, ÉDITEUR

108, Boulevard Saint-Germain, 108, PARIS

EXTRAIT DU CATALOGUE
Sciences — Médecine — Histoire — Philosophie

I. — BIBLIOTHÈQUE SCIENTIFIQUE INTERNATIONALE

PUBLIÉE SOUS LA DIRECTION DE **M. ÉM. ALGLAVE**

Volumes in-8 en élégant cartonnage anglais. — Prix : 6 fr.

76 VOLUMES PARUS

1. J. TYNDALL. **Les glaciers et les transformations de l'eau**, 5ᵉ éd., illustré.
2. W. BAGEHOT. **Lois scientifiques du développement des nations**, 5ᵉ édition.
3. J. MAREY. **La machine animale, locomotion terrestre et aérienne**, 5ᵉ édition, illustré.
4. A. BAIN. **L'esprit et le corps considérés au point de vue de leurs relations**, 5ᵉ édition.
5. PETTIGREW. **La locomotion chez les animaux**, 2ᵉ éd., ill.
6. HERBERT SPENCER. **Introd. à la science sociale**, 10ᵉ édit.
7. OSCAR SCHMIDT. **Descendance et darwinisme**, 6ᵉ édition.
8. H. MAUDSLEY. **Le crime et la folie**, 6ᵉ édition.
9. VAN BENEDEN. **Les commensaux et les parasites dans le règne animal**, 3ᵉ édition, illustré.
10. BALFOUR STEWART. **La conservation de l'énergie**, suivi d'une étude sur LA NATURE DE LA FORCE, par *P. de Saint-Robert*, 5ᵉ édition, illustré.
11. DRAPER. **Les conflits de la science et de la religion**, 8ᵉ éd.
12. Léon DUMONT. **Théorie scientifique de la sensibilité**, 4ᵉ éd.
13. SCHUTZENBERGER. **Les fermentations**, 5ᵉ édition, illustré.
14. WHITNEY. **La vie du langage**, 3ᵉ édition.
15. COOKE et BERKELEY. **Les champignons**, 4ᵉ éd., illustré.
16. BERNSTEIN. **Les sens**, 4ᵉ édition, illustré.
17. BERTHELOT. **La synthèse chimique**, 6ᵉ édition.
18. VOGEL. **La photographie et la chimie de la lumière**, 5ᵉ éd.
19. LUYS. **Le cerveau et ses fonctions**, 6ᵉ édition, illustré.
20. W. STANLEY JEVONS. **La monnaie et le mécanisme de l'échange**, 5ᵉ édition.
21. FUCHS. **Les volcans et les tremblements de terre**, 5ᵉ éd.
22. GÉNÉRAL BRIALMONT. **La défense des États et les camps retranchés**, 3ᵉ édition, avec fig. et 2 pl. hors texte.

23. A. DE QUATREFAGES. L'espèce humaine, 10ᵉ édition.
24. BLASERNA et HELMHOLTZ. Le son et la musique, 4ᵉ éd.
25. ROSENTHAL. Les muscles et les nerfs, 3ᵉ édition, illustré.
26. BRUCKE et HELMHOLTZ. Principes scientifiques des beaux-arts, 3ᵉ édition, illustré.
27. WURTZ. La théorie atomique, avec préface de M. Ch. Friedel, 6ᵉ édition.
28-29. SECCHI (Le Père). Les étoiles, 2ᵉ édition, illustré.
30. N. JOLY. L'homme avant les métaux, 4ᵉ édit., illustré.
31. A. BAIN. La science de l'éducation, 7ᵉ édition.
32-33. THURSTON et HIRSCH. Hist. de la machine à vapeur. 3ᵉ éd.
34. R. HARTMANN. Les peuples de l'Afrique, 2ᵉ édit., illustré.
35. HERBERT SPENCER. Les bases de la morale évolutionniste, 4ᵉ édition.
36. Tʜ.-H. HUXLEY. L'écrevisse, introduction à l'étude de la zoologie, illustré.
37. DE ROBERTY. La sociologie, 2ᵉ édition.
38. O.-N. ROOD. Théorie scientifique des couleurs et leurs applications à l'art et à l'industrie, avec fig. et pl. hors texte.
39. DE SAPORTA et MARION. L'évolution du règne végétal. *Les cryptogames*, illustré.
40-41. CHARLTON-BASTIAN. Le système nerveux et la pensée. 2ᵉ édition. 2 vol. illustrés.
42. JAMES SULLY. Les illusions des sens et de l'esprit, 2ᵉ éd., ill.
43. A. DE CANDOLLE. Origine des plantes cultivées, 3ᵉ édit.
44. YOUNG. Le Soleil, illustré.
45-46. J. LUBBOCK. Les Fourmis, les Abeilles et les Guêpes. 2 vol. illustrés.
47. Eᴅ. PERRIER. La philos. zoologique avant Darwin, 2ᵉ éd.
48. STALLO. La matière et la physique moderne, 2ᵉ éd.
49. MANTEGAZZA. La physionomie et l'expression des sentiments, 2ᵉ édit., illustré.
50. DE MEYER. Les organes de la parole, illustré.
51. DE LANESSAN. Introduction à la botanique. *Le sapin*. 2ᵉ édit., illustré.
52-53. DE SAPORTA et MARION. L'évolution du règne végétal. *Les phanérogames*. 2 volumes illustrés.
54. TROUESSART. Les microbes, les ferments et les moisissures, 2ᵉ éd., illustré.
55. HARTMANN. Les singes anthropoïdes, illustré.
56. SCHMIDT. Les mammifères dans leurs rapports avec leurs ancêtres géologiques, illustré.
57. BINET et FÉRÉ. Le magnétisme animal, 3ᵉ éd., illustré.
58-59. ROMANES. L'intelligence des animaux. 2 vol., 2ᵉ éd.
60. F. LAGRANGE. Physiologie des exercices du corps. 5ᵉ éd.
61. DREYFUS (Camille). L'évolution des mondes et des sociétés. 2ᵉ édition.

62. DAUBRÉE. Les régions invisibles du globe et des espaces célestes, illustré, 2ᵉ édition.
63-64. SIR JOHN LUBBOCK. L'homme préhistorique. 3ᵉ édition, 2 volumes illustrés.
65. RICHET (Ch.). La chaleur animale, illustré.
66. FALSAN. La période glaciaire, illustré.
67. BEAUNIS. Les sensations internes.
68. CARTAILHAC. La France préhistorique, illustré.
69. BERTHELOT. La révolution chimique, Lavoisier, illustré.
70. SIR JOHN LUBBOCK. Les sens et l'instinct chez les animaux, illustré.
71. STARCKE. La famille primitive.
72. ARLOING. Les virus, illustré.
73. TOPINARD. L'homme dans la nature, illustré
74. BINET. Les altérations de la personnalité.
75. A. DE QUATREFAGES. Darwin et ses précurseurs français.
76. LEFÉVRE. Les races et les langues.

II. — MÉDECINE ET SCIENCES.

A. — Pathologie médicale.

AVIRAGNET. **De la tuberculose chez les enfants.** 1 vol. in-8, 1892. 4 fr.

AXENFELD et HUCHARD. **Traité des névroses.** 2ᵉ édition, augmentée de 700 pages, par Henri Huchard, médecin des hôpitaux. 1 fort vol. in-8. 20 fr.

BARTELS. **Les maladies des reins,** traduit de l'allemand par le docteur Edelmann; avec préface et notes de M. le professeur Lépine. 1 vol. in-8, avec fig. 7 fr. 50

BOUCHARDAT. **De la glycosurie ou diabète sucré**, son traitement hygiénique, 2ᵉ édition. 1 vol. grand in-8, suivi de notes et documents sur la nature et le traitement de la goutte, la gravelle urique, sur l'oligurie, le diabète insipide avec excès d'urée, l'hippurie, la pimélorrhée, etc. 15 fr.

BOUCHUT et DESPRÉS. **Dictionnaire de médecine et de thérapeutique médicales et chirurgicales**, comprenant le résumé de la médecine et de la chirurgie, les indications thérapeutiques de chaque maladie, la médecine opératoire, les accouchements, l'oculistique, l'odontotechnie, les maladies d'oreilles, l'électrisation, la matière médicale, les eaux minérales, et un formulaire spécial pour chaque maladie. 5ᵉ édition, très augmentée. 1 vol. in-4, avec 950 fig. dans le texte et 3 cartes. Br. 25 fr.; cart. 27 fr. 50; relié. 29 fr.

CORNIL. **Leçons sur l'anatomie pathologique des métrites, des salpingites et des cancers de l'utérus.** 1 vol. in-8, avec 35 gravures dans le texte. 3 fr. 50

CORNIL et BABES. **Les bactéries et leur rôle dans l'anatomie et l'histologie pathologiques des maladies infectieuses.** 2 vol. in-8, avec 350 fig. dans le texte en noir et en couleurs et 12 pl. hors texte, 3ᵉ éd. entièrement refondue, 1890. 40 fr.

DAMASCHINO. **Leçons sur les maladies des voies digestives.** 1 vol. in-8, 3ᵉ tirage, 1888. 14 fr.

DAVID. **Les microbes de la bouche.** 1 vol. in-8 avec gravures en noir et en couleurs dans le texte. 10 fr.

DÉJERINE-KLUMPKE (Mᵐᵉ). **Des polynévrites et des paralysies et atrophies saturnines.** 1 vol. in-8. 1889. 6 fr.

DESPRÉS. **Traité théorique et pratique de la syphilis**, ou infection purulente syphilitique. 1 vol. in-8. 7 fr.

DUCWORTH (Sir Dyn). **La goutte,** son traitement. Trad. de l'anglais par le Dʳ Rodet. 1 vol. gr. in-8 avec gr. dans le texte. 10 fr.

DURAND-FARDEL. **Traité des eaux minérales** de la France et de l'étranger, et de leur emploi dans les maladies chroniques, 3ᵉ édition. 1 vol. in-8. 10 fr.

DURAND-FARDEL. **Traité pratique des maladies des vieillards,** 2ᵉ édition. 1 fort vol. gr. in-8. 14 fr.

FÉRÉ (Ch.). **Les épilepsies et les épileptiques.** 1 vol. gr. in-8 avec 12 planches hors texte et 67 grav. dans le texte. 1890. 20 fr.

FÉRÉ (Ch.). **Du traitement des aliénés dans les familles.** 1 vol. in-18. 1889. 2 fr. 50

FERRIER. **De la localisation des maladies cérébrales.** Traduit de l'anglais par H.-C. de Varigny, suivi d'un mémoire de MM. Charcot et Pitres sur les *Localisations motrices dans les hémisphères de l'écorce du cerveau.* 1 vol. in-8 avec 67 fig. dans le texte. 2 fr.

HÉRARD, CORNIL et HANOT. **De la phtisie pulmonaire.** 1 vol. in-8, avec fig. dans le texte et pl. coloriées. 2ᵉ éd. 20 fr.

ICARD. **La femme pendant la période menstruelle.** Psychologie morbide et médecine légale. 1 vol. in-8. 6 fr.

KUNZE. **Manuel de médecine pratique,** traduit de l'allemand par M. Knoeri. 1 vol. in-18. 1 fr. 50

LANCEREAUX. **Traité historique et pratique de la syphilis.** 2ᵉ édition. 1 vol. gr. in-8, avec fig. et planches color. 17 fr.

MAUDSLEY. **Le crime et la folie.** 1 vol. in-8. 5ᵉ édit. 6 fr.

MAUDSLEY. **La pathologie de l'esprit.** 1 vol. in-8. 10 fr.

MURCHISON. **De la fièvre typhoïde,** avec notes et introduction du docteur H. Gueneau de Mussy. 1 vol. in-8, avec figures dans le texte et planches hors texte. 3 fr.

NIEMEYER. **Éléments de pathologie interne et de thérapeutique,** traduit de l'allemand, annoté par M. Cornil. 3ᵉ édit. franç., augmentée de notes nouvelles. 2 vol. gr. in-8. 4 fr. 50

ONIMUS et LEGROS. **Traité d'électricité médicale.** 1 fort vol. in-8, avec 275 figures dans le texte. 2ᵉ édition. 17 fr.

RILLIET et BARTHEZ. **Traité clinique et pratique des maladies des enfants.** 3e édit., refondue et augmentée, par BARTHEZ et A. SANNÉ. Tome I, 1 fort vol. gr. in-8.   16 fr.
  Tome II, 1 fort vol. gr. in-8.   14 fr.
  Tome III terminant l'ouvrage, 1 fort vol. gr. in-8.   25 fr.
SPRINGER. **La croissance.** Son rôle dans la pathologie infantile. 1 vol. in-8.   6 fr.
TAYLOR. **Traité de médecine légale**, traduit sur la 7e édition anglaise, par le Dr HENRI COUTAGNE. 1 vol. gr. in-8.   4 fr. 50

B. — Pathologie chirurgicale.

ANGER (Benjamin). **Traité iconographique des fractures et luxations**, précédé d'une introduction par M. le professeur Velpeau. 1 fort volume in-4, avec 100 planches hors texte, coloriées, contenant 254 figures, et 127 bois intercalés dans le texte. 2e tirage. Relié.   150 fr.
BILLROTH et WINIWARTER. **Traité de pathologie et de clinique chirurgicales générales**, traduit de l'allemand, 2e édit. d'après la 10e édit. allemande. 1 fort vol. gr. in-8, avec 180 fig. dans le texte.   20 fr.
Congrès français de chirurgie. Mémoires et discussions, publiés par MM. POZZI, secrétaire général, et PICQUÉ, secrétaire général adjoint.
  1re session : 1885, 1 fort vol. gr. in-8, avec fig.   14 fr.
  2e session : 1886, 1 fort vol. gr. in-8, avec fig.   14 fr.
  3e session : 1888, 1 fort vol. gr. in-8, avec fig.   14 fr.
  4e session : 1889, 1 fort vol. gr. in-8, avec fig.   16 fr.
  5e session : 1891, 1 fort vol. gr. in-8, avec fig.   14 fr.
DE ARLT. **Des blessures de l'œil**, considérées au point de vue pratique et médico-légal. 1 vol. in-18.   1 fr. 25
DELORME. **Traité de chirurgie de guerre.** 2 vol. gr. in-8°, avec fig. dans le texte. Tome I.   16 fr.
  Tome II, terminant l'ouvrage (*sous presse*).
GALEZOWSKI. **Des cataractes et de leur traitement.** 1er fascicule, 1 vol. in-8.   3 fr. 50
JAMAIN et TERRIER. **Manuel de petite chirurgie.** 6e édit., refondue. 1 vol. gr. in-18 de 1000 pages, avec 450 fig.   9 fr.
JAMAIN et TERRIER. **Manuel de pathologie et de clinique chirurgicales.** 3e édition. Tome I, 1 fort vol. in-18.   8 fr.
  Tome II, 1 vol. in-18.   8 fr.
  Tome III, 1 vol. in-18.   8 fr.
  Tome IV, 1 vol. in-18.   8 fr.
LE FORT. **La chirurgie militaire** et les Sociétés de secours en France et à l'étranger. 1 vol. gr. in-8, avec fig.   10 fr.
LIEBREICH. **Atlas d'ophtalmoscopie**, représentant l'état normal et les modifications pathologiques du fond de l'œil vues à l'ophtalmoscope. 3e édition, atlas in-f° de 12 planches, 59 figures en couleurs.   40 fr.
MAC CORMAC. **Manuel de chirurgie antiseptique**, traduit de l'anglais par M. le docteur LUTAUD. 1 fort vol. in-8.   2 fr.

MALGAIGNE et LE FORT. **Manuel de médecine opératoire.**
9e édit. 2 vol. gr. in-18, avec nombreuses fig. dans le texte.   16 fr.

MAUNOURY et SALMON. **Manuel de l'art des accouchements**, à l'usage des élèves en médecine et des élèves sages-femmes. 3e édit. 1 vol. in-18, avec 115 grav.   7 fr.

NÉLATON. **Éléments de pathologie chirurgicale**, par A. Nélaton, membre de l'Institut, professeur de clinique à la Faculté de médecine, etc. Ouvrage complet en 6 volumes.
  Seconde édition, complètement remaniée, revue par les Drs Jamain, Péan, Després, Gillette et Horteloup, chirurgiens des hôpitaux. 6 forts vol. gr. in-8, avec 795 figures dans le texte.   32 fr.

PAGET (sir James). **Leçons de clinique chirurgicale**, traduites de l'anglais par le docteur L.-H. Petit, et précédées d'une introduction de M. le professeur Verneuil. 1 vol. grand in-8.   8 fr.

PÉAN. **Leçons de clinique chirurgicale, professées à l'hôpital Saint-Louis**, de 1876 à 1880. Tomes II à IV, 3 vol. in-8, avec fig. et pl. coloriées. Chaque vol. séparément.   20 fr.
  Tomes V et VI, années 1881-82, 1883-84. 2 vol. in-8. Chac. 25 fr.
  Le tome Ier est épuisé.

POZZI (G.). **Manuel de l'art des accouchements.** 1 vol. in-8 (*sous presse*).

REBLAUB. **Des cystites non tuberculeuses chez la femme.** 1892. 1 vol. in-8.   4 fr.

RICHARD. **Pratique journalière de la chirurgie.** 1 vol. gr. in-8, avec 215 fig. dans le texte. 2e édit., augmentée de chapitres inédits de l'auteur, et revue par le Dr J. Crauk.   5 fr.

ROTTENSTEIN. **Traité d'anesthésie chirurgicale**, contenant la description et les applications de la méthode anesthésique de Paul Bert. 1 vol. in-8, avec figures.   10 fr.

SCHWEIGGER. **Leçons d'ophtalmoscopie**, avec 3 planches lith. et des figures dans le texte. In-8 de 144 pages.   3 fr. 50

SOELBERG-WELLS. **Traité pratique des maladies des yeux.** 1 fort vol. gr. in-8, avec figures.   4 fr. 50

TERRIER. **Éléments de pathologie chirurgicale générale.**
  1er fascicule : *Lésions traumatiques et leurs complications.* 1 vol. in-8.   7 fr.
  2e fascicule : *Complications des lésions traumatiques. Lésions inflammatoires.* 1 vol. in-8.   6 fr.
  Le 3e et dernier fascicule. (*Sous presse.*)

TERRIER et BAUDOUIN. **De l'hydronéphrose intermittente.** 1892. 1 vol. in-8.   5 fr.

TRUC. **Du traitement chirurgical de la péritonite.** 1 vol. in-8.   4 fr.

VIRCHOW. **Pathologie des tumeurs**, cours professé à l'université de Berlin, traduit de l'allemand par le docteur Aronssohn.
  Tome Ier, 1 vol. gr. in-8, avec 106 fig.   3 fr. 75
  Tome II, 1 vol. gr. in-8, avec 74 fig.   3 fr. 75
  Tome III, 1 vol. gr. in-8, avec 49 fig.   3 fr. 75
  Tome IV (1er fascicule), 1 vol. gr. in-8, avec figures.   1 fr. 50

YVERT. **Traité pratique et clinique des blessures du globe de l'œil.** 1 vol. gr. in-8. 12 fr.

C. — Thérapeutique. Pharmacie. Hygiène.

BOUCHARDAT. **Nouveau formulaire magistral,** précédé d'une Notice sur les hôpitaux de Paris, de généralités sur l'art de formuler, suivi d'un Précis sur les eaux minérales naturelles et artificielles, d'un Mémorial thérapeutique, de notions sur l'emploi des contrepoisons et sur les secours à donner aux empoisonnés et aux asphyxiés. 1891, 29ᵉ édition, revue et corrigée. 1 vol. in-18, broché, 3 fr. 50 ; cartonné, 4 fr. ; relié. 4 fr. 50

BOUCHARDAT et VIGNARDOU. **Formulaire vétérinaire,** contenant le mode d'action, l'emploi et les doses des médicaments. 4ᵉ édit. 1 vol. in-18, br. 3 fr. 50, cart. 4 fr., relié. 4 fr. 50

BOUCHARDAT. **De la glycosurie ou diabète sucré,** son traitement hygiénique. 2ᵉ édition. 1 vol. grand in-8, suivi de notes et documents sur la nature et le traitement de la goutte, la gravelle urique, sur l'oligurie, le diabète insipide avec excès d'urée, l'hippurie, la pimélorrhée, etc. 15 fr.

BOUCHARDAT. **Traité d'hygiène publique et privée,** basée sur l'étiologie. 1 fort vol. gr. in-8. 3ᵉ édition, 1887. 18 fr.

CORNIL et MARTIN. **Leçons élémentaires d'hygiène privée,** 1 vol. in-18, avec figures. (*Sous presse.*)

DURAND-FARDEL. **Les eaux minérales et les maladies chroniques.** 1 vol. in-18. 2ᵉ édition. 3 fr. 50 ; cart. 3 fr.

LEVILLAIN. **Hygiène des gens nerveux,** 1 vol. in-18, 2ᵉ édition, br. 3 fr. 50 ; en cart. anglais. 4 fr.

MACARIO (M.). **Manuel d'hydrothérapie suivi d'une instruction sur les bains de mer.** 1 vol. in-18, 4ᵉ édition, 1889, 2 fr. 50 ; cart. 3 fr.

WEBER. **Climatothérapie,** traduit de l'allemand par les docteurs Doyon et Spillmann. 1 vol. in-8, 1886. 6 fr.

D. — Anatomie. Physiologie. Histologie.

ALAVOINE. **Tableaux du système nerveux.** Deux grands tableaux, avec figures. 1 fr. 50

BAIN (Al.). **Les sens et l'intelligence,** traduit de l'anglais par M. Cazelles. 1 vol. in-8. 10 fr.

BASTIAN (Charlton). **Le cerveau, organe de la pensée,** chez l'homme et chez les animaux. 2 vol. in-8, avec 184 figures dans le texte. 12 fr.

DEBIERRE et DOUMER. **Vues stéréoscopiques des centres nerveux.** 48 planches photographiques avec un album. 20 fr.

DEBIERRE et DOUMER. **Album des centres nerveux.** 1 fr. 50

F. LAGRANGE. **Physiologie des exercices du corps.** Couronné par l'Institut. 5ᵉ édit. 1 vol. in-8, cart. 6 fr.

F. LAGRANGE. **L'hygiène de l'exercice chez les enfants et les jeunes gens.** 1 vol. in-18, 3ᵉ éd. 3 fr. 50 ; cart. 4 fr.

LAGRANGE. **De l'exercice chez les adultes.** 1 vol. in-18, 2ᵉ édition, 3 fr. 50 ; cartonnage anglais. 4 fr.

LEVILLAIN. **L'hygiène des gens nerveux.** 1 vol. in-18, 2ᵉ éd. 3 fr. 50 ; cartonnage anglais. 4 fr.

BELZUNG. **Anatomie et physiologie animales.** 1 fort vol. in-8 avec 522 gravures dans le texte. 4ᵉ éd., revue. 6 fr., cart. 7 fr.

BÉRAUD (B.-J.). **Atlas complet d'anatomie chirurgicale topographique,** pouvant servir de complément à tous les ouvrages d'anatomie chirurgicale, composé de 109 planches représentant plus de 200 gravures dessinées d'après nature par M. Bion, et avec texte explicatif. 1 fort vol. in-4.
 Prix : fig. noires, relié, 60 fr. — Fig. coloriées, relié, 120 fr. Toutes les pièces, disséquées dans l'amphithéâtre des hôpitaux, ont été reproduites d'après nature par M. Bion, et ensuite gravées sur acier par les meilleurs artistes.

BERNARD (Claude). **Leçons sur les propriétés des tissus vivants,** avec 94 fig. dans le texte. 1 vol. in-8. 2 fr. 50

BERNSTEIN. **Les sens.** 1 vol. in-8, avec fig. 3ᵉ édit., cart. 6 fr.

BURDON-SANDERSON, FOSTER et BRUNTON. **Manuel du laboratoire de physiologie,** traduit de l'anglais par M. Moquin-Tandon. 1 vol. in-8, avec 184 figures dans le texte, 1883. 7 fr.

FAU. **Anatomie des formes du corps humain,** à l'usage des peintres et des sculpteurs. 1 atlas in-folio de 25 planches. Prix : fig. noires, 15 fr. — Fig. coloriées. 30 fr.

CORNIL, RANVIER et BRAULT. **Manuel d'histologie pathologique.** 3ᵉ édition. 2 vol. in-8, avec nombreuses figures dans le texte. (*Sous presse.*)

FERRIER. **Les fonctions du cerveau.** 1 v. in-8, avec 68 fig. 3 fr.

DEBIERRE. **Traité élémentaire d'anatomie de l'homme.** Anatomie descriptive et dissection, avec notions d'organogénie et d'embryologie générales. Ouvrage complet en 2 volumes. 40 fr.
 Tome I, *Manuel de l'amphithéâtre*, 1 vol. in-8 de 950 pages avec 450 figures en noir et en couleurs dans le texte. 1890. 20 fr.
 Tome II et dernier : 1 vol. in-8 avec 515 figures en noir et en couleurs dans le texte. 20 fr.

LEYDIG. **Traité d'histologie comparée de l'homme et des animaux.** 1 fort vol. in-8, avec 200 figures. 4 fr. 50

LONGET. **Traité de physiologie.** 3ᵉ édition, 3 vol. gr. in-8, avec figures. 12 fr.

MAREY. **Du mouvement dans les fonctions de la vie.** 1 vol. in-8, avec 200 figures dans le texte. 3 fr.

PREYER. **Éléments de physiologie générale.** Traduit de l'allemand par M. J. Soury. 1 vol. in-8. 5 fr.

PREYER. **Physiologie spéciale de l'embryon.** 1 vol. in-8 avec figures et 9 planches hors texte. 7 fr. 50

E. — Physique. Chimie. Histoire naturelle.

AGASSIZ. De l'espèce et des classifications en zoologie.
1 vol. in-8, cart. 5 fr.

BERTHELOT. La synthèse chimique. 1 vol. in-8 ; 6° édit., cart. 6 fr.

BERTHELOT. La révolution chimique, Lavoisier. 1 vol. in-8, cart. 6 fr.

COOKE et BERKELEY. Les champignons, avec 110 figures dans le texte. 1 vol. in-8. 4° édition, cart. 6 fr.

DARWIN. Les récifs de corail, leur structure et leur distribution. 1 vol. in-8, avec 3 planches hors texte, traduit de l'anglais par M. Cosserat. 8 fr.

DAUBRÉE. Les régions invisibles du globe et des espaces célestes. 1 vol. in-8 avec gravures. Cart. 6 fr.

EVANS (John). Les âges de la pierre. 1 beau vol. gr. in-8, avec 467 figures dans le texte. 15 fr.

EVANS (John). L'âge du bronze. 1 fort vol. in-8, avec 540 figures dans le texte. 15 fr.

GRÉHANT. Manuel de physique médicale. 1 vol. in-18, avec 469 figures dans le texte. 7 fr.

GRIMAUX. Chimie organique élémentaire. 5° édit. 1 vol. in-18, avec figures. 5 fr.

GRIMAUX. Chimie inorganique élémentaire. 6° édit., 1891. 1 vol. in-18, avec figures. 5 fr.

HERBERT SPENCER. Principes de biologie, traduit de l'anglais par M. C. Cazelles. 2 vol. in-8. 20 fr.

HUXLEY. La physiographie, introduction à l'étude de la nature. 1 vol. in-8 avec 128 figures dans le texte et 2 planches hors texte. 2° éd. 8 fr.

LUBBOCK. Origines de la civilisation, état primitif de l'homme et mœurs des sauvages modernes, traduit de l'anglais. 3° édition. 1 vol. in-8, avec fig. Broché, 15 fr. — Relié. 18 fr.

LUBBOCK. L'homme préhistorique. 2 vol. in-8 avec 228 gravures dans le texte, cart. 12 fr.

PISANI (F.). Traité pratique d'analyse chimique qualitative et quantitative, à l'usage des laboratoires de chimie. 1 vol. in-12. 4° édit., augmentée d'un traité d'*analyse au chalumeau*. 3 fr. 50

PISANI et DIRVELL. La chimie du laboratoire. 1 vol. in-12, 2° éd. 4 fr.

QUATREFAGES (DE). Darwin et ses précurseurs français. Étude sur le transformisme. 1 vol. in-8 cart. 6 fr.

THÉVENIN (E.). Dictionnaire abrégé des sciences physiques et naturelles, revu par H. de Varigny. 1 volume in-18 de 630 pages, cartonné à l'anglaise. . . . . 5 fr.

III. — BIBLIOTHÈQUE D'HISTOIRE CONTEMPORAINE

Volumes in-18 à 3 fr. 50. — Volumes in-8 à 5, 7 et 12 francs. Cartonnage toile, 50 c. en plus par vol. in-18, 1 fr. par vol. in-8.

EUROPE

HISTOIRE DE L'EUROPE PENDANT LA RÉVOLUTION FRANÇAISE, par *H. de Sybel.* Traduit de l'allemand par Mlle Dosquet. 6 vol. in-8 . . 42 fr.
HISTOIRE DIPLOMATIQUE DE L'EUROPE, DE 1815 A 1878, par *Debidour.* 2 vol. in-8, 1891. 18 fr.

FRANCE

HISTOIRE DE LA RÉVOLUTION FRANÇAISE, par *Carlyle.* 3 vol. in-18. 10 50
LA RÉVOLUTION FRANÇAISE, par *H. Carnot.* 1 vol. in-12. Nouv. édit.. 3 50
HISTOIRE DE LA RESTAURATION, par *de Rochau.* 1 vol. in-18. . . . 3 50
HISTOIRE DE DIX ANS, par *Louis Blanc.* 5 vol. in-8. . . . . 25 »
HISTOIRE DE HUIT ANS (1840-1848), par *Elias Regnault.* 3 vol. in-8. 15 »
HISTOIRE DU SECOND EMPIRE (1848-1870), par *Taxile Delord.* 6 volumes in-8 . . . . 42 fr.
LA GUERRE DE 1870-1871, par *Boert.* 1 vol. in-18. . . . . 3 50
LA FRANCE POLITIQUE ET SOCIALE, par *Aug. Laugel.* 1 volume in-8. 5 fr.
LES COLONIES FRANÇAISES, par *P. Gaffarel.* 1 vol. in-8, 4ᵉ éd. 5 fr.
L'EXPANSION COLONIALE DE LA FRANCE, étude économique, politique et géographique sur les établissements français d'outre-mer, par *J.-L. de Lanessan.* 1 vol. in-8 avec 19 cartes hors texte. . . . . . . 12 fr.
L'INDO-CHINE FRANÇAISE, étude économique, politique et administrative sur *la Cochinchine, le Cambodge, l'Annam* et *le Tonkin* (médaille Dupleix de la Société de Géographie commerciale), par *J.-L. de Lanessan,* 1 vol. in-8, avec 5 cartes en couleurs. . . . . 15 fr.
L'ALGÉRIE, par *M. Wahl.* 1 vol. in-8. 2ᵉ édition. Ouvrage couronné par l'Institut. . . . . 5 fr.
L'EMPIRE D'ANNAM ET LES ANNAMITES, par *J. Silvestre.* 1 vol. in-18 avec carte. 3 50

ANGLETERRE

HISTOIRE GOUVERNEMENTALE DE L'ANGLETERRE, DEPUIS 1770 JUSQU'A 1830, par sir *G. Cornewal Lewis.* 1 vol. in-8, traduit de l'anglais . . . 7 fr.
HISTOIRE CONTEMPORAINE DE L'ANGLETERRE, depuis la mort de la reine Anne jusqu'à nos jours, par *H. Reynald.* 1 vol. in-18. 2ᵉ éd. . 3 50
LES QUATRE GEORGE, par *Thackeray.* 1 vol. in-18 . . . . 3 50
LOMBART-STREET, le marché financier en Angleterre, par *W. Bagehot.* 1 vol. in-18 . . . . 3 50
LORD PALMERSTON ET LORD RUSSEL, par *Aug. Laugel.* 1 vol. in-18. 3 50
QUESTIONS CONSTITUTIONNELLES (1873-1878), par *E.-W. Gladstone,* précédées d'une introduction par *Albert Gigot.* 1 vol. in-8. . . . . 5 fr.

ALLEMAGNE

HISTOIRE DE LA PRUSSE, depuis la mort de Frédéric II jusqu'à la bataille de Sadowa, par *Eug. Véron.* 1 vol. in-18. 4ᵉ éd. 3 50
HISTOIRE DE L'ALLEMAGNE, depuis la bataille de Sadowa jusqu'à nos jours, par *Eug. Véron.* 1 vol. in-18, 3ᵉ éd. continuée jusqu'en 1892, par *Paul Bondois.* 3 50
L'ALLEMAGNE CONTEMPORAINE, par *Ed. Bourloton.* 1 vol. in-18. . . 3 50

AUTRICHE-HONGRIE

HISTOIRE DE L'AUTRICHE, depuis la mort de Marie-Thérèse jusqu'à nos jours, par *L. Asseline*. 1 vol. in-18. 2º éd. 3 50

HISTOIRE DES HONGROIS et de leur littérature politique, de 1790 à 1815, par *Ed. Sayous*. 1 vol. in-18 . . . . 3 50

ESPAGNE

HISTOIRE DE L'ESPAGNE, depuis la mort de Charles III jusqu'à nos jours, par *H. Reynald*. 1 vol. in-18 . . . . 3 50

RUSSIE

HISTOIRE CONTEMPORAINE DE LA RUSSIE, par *M. Créhange*. 1 vol. in-18 . . . . 3 50

SUISSE

LA SUISSE CONTEMPORAINE, par *H. Dixon*. 1 vol. in-18. . . . . . 3 50

HISTOIRE DU PEUPLE SUISSE, par *Daendliker*, précédée d'une Introduction par *Jules Favre*. 1 vol. in-18. . . . . 5 fr.

AMÉRIQUE

HISTOIRE DE L'AMÉRIQUE DU SUD, par *Alf. Deberle*. 1 vol. in-18. 2ᵉ éd. 3 50

ITALIE

HISTOIRE DE L'ITALIE, depuis 1815 jusqu'à la mort de Victor-Emmanuel, par *E. Sorin*. 1 vol. in-18 . . . . 3 50

Jules Barni. HISTOIRE DES IDÉES MORALES ET POLITIQUES EN FRANCE AU XVIIIᵉ SIÈCLE. 2 vol. in-18, chaque volume 3 50
— LES MORALISTES FRANÇAIS AU XVIIIᵉ SIÈCLE. 1 vol. in-18. . . . 3 50

Émile Beaussire. LA GUERRE ÉTRANGÈRE ET LA GUERRE CIVILE. 1 vol. in-18 . . . . 3 50

E. de Laveleye. LE SOCIALISME CONTEMPORAIN. 1 vol. in-18. 7ᵉ éd. augm. 3 50

E. Despois. LE VANDALISME RÉVOLUTIONNAIRE. 1 vol. in-18. 2ᵉ éd. 3 50

M. Pellet. VARIÉTÉS RÉVOLUTIONNAIRES, avec une Préface de *A. Ranc*. 3 vol. in-18, chaque vol. 3 50

Eug. Spuller. FIGURES DISPARUES, portraits contemporains, littéraires et politiques. 2 vol. in-18, chaque vol. 3 50

Eug. Spuller. HISTOIRE PARLEMENTAIRE DE LA DEUXIÈME RÉPUBLIQUE, 1 vol. in-18 . . . . 3 50

Eug. Spuller. L'ÉDUCATION DE LA DÉMOCRATIE. 1 vol. in-18. 3 fr. 50

J. Bourdeau. LE SOCIALISME ALLEMAND ET LE NIHILISME RUSSE. 1 vol. in-18 . . . . 3 fr. 50

G. Guéroult. LE CENTENAIRE DE 1789. Évolution politique, philosophique, artistique et scientifique de l'Europe depuis cent ans. 1 vol. in-18 . . . . 3 50

Clamageran. LA FRANCE RÉPUBLICAINE. 1 vol. in-18. . . . 3 50

Aulard. LE CULTE DE LA RAISON ET LE CULTE DE L'ÊTRE SUPRÊME (1793-1794). Étude historique. 1 vol. in-18. . . . . 3 fr. 50

Bérard. LA TURQUIE ET L'HELLÉNISME CONTEMPORAIN. 1 vol. in-18 . . . . 3 f. 50

IV. — BIBLIOTHÈQUE DE PHILOSOPHIE CONTEMPORAINE

VOLUMES IN-18.

Br., 2 fr. 50 ; cart. à l'angl., 3 fr. ; reliés, 4 fr.

H. Taine.
L'Idéalisme anglais, étude sur Carlyle.
Philosophie de l'art dans les Pays-Bas. 2e édition.
Philosophie de l'art en Grèce. 2e édit.

Paul Janet.
Le Matérialisme contemp. 5e édit.
Philosophie de la Révolution française. 4e édit.
Le Saint-Simonisme.
Origines du socialisme contemporain, 4e éd.
La philosophie de Lamennais.

Alaux.
Philosophie de M. Cousin.

Ad. Franck.
Philosophie du droit pénal. 3e édit.
Des rapports de la religion et de l'État. 2e édit.
La philosophie mystique en France au XVIIIe siècle.

Beaussire.
Antécédents de l'hégélianisme dans la philosophie française.

Bost.
Le Protestantisme libéral.

Ed. Auber.
Philosophie de la médecine.

Charles de Rémusat.
Philosophie religieuse.

Charles Lévêque.
Le Spiritualisme dans l'art.
La Science de l'invisible.

Émile Saisset.
L'âme et la vie, suivi d'une étude sur l'Esthétique française.
Critique et histoire de la philosophie (frag. et disc.).

Auguste Laugel.
L'Optique et les Arts.
Les problèmes de la nature.
Les problèmes de la vie.
Les problèmes de l'âme.

Challemel-Lacour.
La philosophie individualiste.

Albert Lemoine.
Le Vitalisme et l'Animisme.

Milsand.
L'Esthétique anglaise.

Schœbel.
Philosophie de la raison pure.

Ath. Coquerel fils.
Premières transformations historiques du christianisme.
La Conscience et la Foi.
Histoire du Credo.

Jules Levallois.
Déisme et Christianisme.

Camille Selden.
La Musique en Allemagne.

Stuart Mill.
Auguste Comte et la philosophie positive. 4e édition.
L'Utilitarisme. 2e édition.

Mariano.
La Philosophie contemp. en Italie.

Saigey.
La Physique moderne. 2e tirage.

E. Faivre.
De la variabilité des espèces.

Ernest Bersot.
Libre philosophie.

W. de Fonvielle.
L'astronomie moderne.

E. Boutmy.
Philosophie de l'architecture en Grèce.

Herbert Spencer.
Classification des sciences. 4e édit.
L'individu contre l'État. 2e éd.

Gauckler.
Le Beau et son histoire.

Bertauld.
L'ordre social et l'ordre moral.
De la philosophie sociale.

Th. Ribot.
La philosophie de Schopenhauer, 4e édition.
Les maladies de la mémoire. 7e édit.
Les maladies de la volonté. 7e édit.
Les maladies de la personnalité. 3e éd.
La psychologie de l'attention.

Hartmann.
La Religion de l'avenir. 2e édition.
Le Darwinisme. 3e édition.

Schopenhauer.
Le libre arbitre. 5e édition.
Le fondement de la morale. 3e édit.
Pensées et fragments. 10e édition.

Liard.
Les Logiciens anglais contemporains. 3e édition.
Les définitions géométriques et les définitions empiriques. 2e édit.

Marion.
J. Locke, sa vie, son œuvre.

O. Schmidt.
Les sciences naturelles et la philosophie de l'Inconscient.

Barthélemy Saint-Hilaire.
De la métaphysique.
La philos., la religion et les sciences.

A. Espinas.
Philosophie expérim. en Italie.

Conta.
Fondements de la métaphysique.

John Lubbock.
Le bonheur de vivre. 2 vol.

Maus.
La justice pénale.

P. Siciliani.
Psychogénie moderne.

Leopardi.
Opuscules et Pensées.

A. Lévy.
Morceaux choisis des philosophes allemands.

Roisel.
De la substance.

Zeller.
Christian Baur et l'école de Tubingue.

Stricker.
Du langage et de la musique.

Coste.
Les conditions sociales du bonheur et de la force. 3e édition.

Binet.
La psychologie du raisonnement.

G. Ballet.
Le langage intérieur et l'aphasie. 2e édition.

Mosso.
La peur.

Tarde.
La criminalité comparée. 2e éd.

Paulhan.
Les phénomènes affectifs.

Ch. Richet.
Psychologie générale. 2e éd.

Delbœuf.
Matière brute et mat. vivante.

Ch. Féré.
Sensation et mouvement.
Dégénérescence et criminalité.

Vianna de Lima.
L'homme selon le transformisme.

L. Arréat.
La morale dans le drame, l'épopée et le roman. 2e édition.

De Roberty.
L'inconnaissable.
L'agnosticisme.

Bertrand.
La psychologie de l'effort.

Guyau.
La genèse de l'idée de temps.

Lombroso.
L'anthropologie criminelle. 2e éd.
Nouvelles recherches de psychiatrie et d'anthropologie criminelle.
Les applications de l'anthropologie criminelle.

Tissié.
Les rêves, physiologie, pathologie.

Thamin.
Éducation et positivisme.

Sighele.
La foule criminelle.

G. Lyon.
La philosophie de Hobbes.

VOLUMES IN-8.

Br. à 5, 7 50 et 10 fr.; cart. angl., 1 fr. de plus par vol.; rel., 2 fr.

BARNI
La morale dans la démocratie. 2ᵉ édit. — 5 fr.

AGASSIZ
De l'espèce et des classifications. — 5 fr.

STUART MILL
La philosophie de Hamilton. — 10 fr.
Mes mémoires. — 5 fr.
Système de logique déductive et inductive. 3ᵉ édit. 2 vol. — 20 fr.
Essais sur la Religion. 2ᵉ édit. — 5 fr.

HERBERT SPENCER
Les premiers principes. — 10 fr.
Principes de psychologie. 2 vol. — 20 fr.
Principes de biologie. 2 vol. — 20 fr.
Principes de sociologie. 4 vol. — 36 fr. 25
Essais sur le progrès. — 7 fr. 50
Essais de politique. — 7 fr. 50
Essais scientifiques. — 7 fr. 50
De l'éducation physique, intellectuelle et morale. 8ᵉ éd. — 5 fr.
Introduction à la science sociale. 3ᵉ éd. — 6 fr.
Les bases de la morale évolutionniste. 9ᵉ éd. — 6 fr.

COLLINS
Résumé de la philosophie de Herbert Spencer. — 10 fr.

AUGUSTE LAUGEL
Les problèmes. — 7 fr. 50

EMILE SAIGEY
Les sciences au XVIIIᵉ siècle. La physique de Voltaire. — 5 fr.

PAUL JANET
Les causes finales. 2ᵉ édition. — 10 fr.
Histoire de la science politique dans ses rapports avec la morale, 3ᵉ édit. augm., 2 vol. — 20 fr.

TH. RIBOT
L'hérédité psychologique. 4ᵉ édition. — 7 fr. 50
La psychologie anglaise contemporaine. 3ᵉ éd. — 7 fr. 50
La psychologie allemande contemporaine. 4ᵉ éd. — 7 fr. 50

ALF. FOUILLÉE
La liberté et le déterminisme. 2ᵉ édit. — 7 fr. 50
Critique des systèmes de morale contemporains. 2ᵉ éd. — 7 fr. 50
La morale, l'art et la religion d'après M. Guyau. 2ᵉ éd. — 3 fr. 75
L'avenir de la métaphysique fondée sur l'expérience. — 5 fr.
L'évolutionnisme des idées-forces. — 7 fr. 50

BAIN (ALEX.)
La logique inductive et déductive. 2ᵉ édit. — 20 fr.
Les sens et l'intelligence. 2ᵉ édit. — 10 fr.
L'esprit et le corps. 4ᵉ édit. — 6 fr.
La science de l'éducation. 6ᵉ édit. — 6 fr.
Les émotions et la volonté. — 10 fr.

MATTHEW ARNOLD
La crise religieuse. — 7 fr. 50

BARDOUX
Les légistes, leur influence sur la société française. — 5 fr.

FLINT
La philosophie de l'histoire en France. — 7 fr. 50
La philosophie de l'histoire en Allemagne. — 7 fr. 50

LIARD
La science positive et la métaphysique. 2ᵉ édit. 7 fr. 50
Descartes. 5 fr.

GUYAU
La morale anglaise contemporaine. 2ᵉ éd. 7 fr. 50
Les problèmes de l'esthétique contemp. 2ᵉ éd. 5 fr.
Esquisse d'une morale sans obligation ni sanction. 5 fr.
L'irréligion de l'avenir. 2ᵉ éd. 7 fr. 50
L'art au point de vue sociologique. 2ᵉ éd. 7 fr. 50
Hérédité et éducation. Etude sociologique. 5 fr.

HUXLEY
Hume, sa vie, sa philosophie. 5 fr.

E. NAVILLE
La logique de l'hypothèse. 5 fr.
La physique moderne. 2ᵉ édit. 5 fr.

ET. VACHEROT
Essais de philosophie critique. 7 fr. 50
La religion. 7 fr. 50

MARION
La solidarité morale. 3ᵉ édit. 5 fr.

SCHOPENHAUER
Aphorismes sur la sagesse dans la vie. 4ᵉ édit. 5 fr.
La quadruple racine du principe de la raison suffisante. 5 fr.
Le monde comme volonté et représentation. 3 vol. 22 fr. 50

JAMES SULLY
Le pessimisme. 7 fr. 50

BUCHNER
Science et nature. 2ᵉ édition. 7 fr. 50

EGGER (V.)
La parole intérieure. 5 fr.

LOUIS FERRI
La psychologie de l'association, depuis Hobbes. 7 fr. 50

MAUDSLEY
La pathologie de l'esprit. 10 fr.

SÉAILLES
Essai sur le génie dans l'art. 5 fr.

CH. RICHET
L'homme et l'intelligence. 2ᵉ éd. 10 fr.

PREYER
Éléments de physiologie. 5 fr.
L'âme de l'enfant. 10 fr.

WUNDT
Éléments de psychologie physiologique. 2 vol., avec fig. 20 fr.

A. FRANCK
La philosophie du droit civil. 5 fr.

CLAY
L'alternative. Contribution à la psychologie. 2ᵉ éd. 10 fr.

BERNARD PEREZ
Les trois premières années de l'enfant. 4ᵉ édit. 5 fr.
L'enfant de trois à sept ans. 2ᵉ édit. 5 fr.
L'éducation morale dès le berceau. 2ᵉ édit. 5 fr.
L'art et la poésie chez l'enfant. 5 fr.
Le caractère de l'enfant à l'homme. 5 fr.

LOMBROSO
L'homme criminel. 10 fr.
   Atlas pour accompagner *L'homme criminel*. 12 fr.
L'homme de génie, avec 11 pl. 10 fr.

Le crime politique et les révolutions (en collaboration avec M. Laschi). 2 vol. — 15 fr.

SERGI
La psychologie physiologique, avec 40 fig. — 7 fr. 50

LUDOV. CARRAU
La philosophie religieuse en Angleterre, depuis Locke. — 5 fr.

PIDERIT
La mimique et la physiognomonie, avec 95 fig. — 5 fr.

FONSEGRIVE
Le libre arbitre, sa théorie, son histoire. — 10 fr.

ROBERTY (E. DE)
L'ancienne et la nouvelle philosophie. — 7 fr. 50
La philosophie du siècle. — 5 fr.

GAROFALO
La criminologie. 3ᵉ édition. — 7 fr. 50

G. LYON
L'idéalisme en Angleterre au XVIIIᵉ siècle. — 7 fr. 50

SOURIAU
L'esthétique du mouvement. — 5 fr.

PAULHAN (FR.)
L'activité mentale et les éléments de l'Esprit. — 7 fr. 50

BARTHÉLEMY SAINT-HILAIRE
La philosophie dans ses rapports avec les sciences et la religion. — 5 fr.

PIERRE JANET
L'automatisme psychologique. — 7 fr. 50

BERGSON
Essai sur les données immédiates de la conscience. — 3 fr. 75

E. DE LAVELEYE
De la propriété et de ses formes primitives. 4ᵉ édit. — 10 fr.
Le gouvernement dans la démocratie. 2ᵉ éd. 2 vol. — 15 fr.

RICARDOU
De l'idéal. — 5 fr.

SOLLIER
Psychologie de l'idiot et de l'imbécile. — 5 fr.

ROMANES
L'évolution mentale chez l'homme. — 7 fr. 50

PILLON
L'année philosophique. 2 vol. 1890 et 1891. Chacun sép. — 5 fr.

RAUH
Le fondement métaphysique de la morale. — 5 fr.

PICAVET
Les idéologues. — 10 fr.

GURNAY, MYERS et PODMORE
Hallucinations télépathiques. 2ᵉ éd. — 7 fr. 50

JAURÈS
De la réalité du monde sensible. — 7 fr. 50

ARRÉAT
Psychologie du peintre. — 5 fr.

PROAL
Le crime et la peine. — 10 fr.

G. HIRTH
Physiologie de l'art. 1 vol. in-8. — 5 fr.

DEWAULE
Condillac et la psychologie anglaise contemporaine. — 5 fr.

BOURDON
L'expression des émotions et des tendances dans le langage. — 7 fr. 50

Coulommiers. — Imp. Paul BRODARD.

BIBLIOTHÈQUE DE PHILOSOPHIE CONTEMPORAINE
100 volumes in-18, brochés : 2 fr. 50 c.

H. Taine.
L'idéalisme anglais.
Philos. de l'art dans les Pays-Bas. 2ᵉ édit.
Philos. de l'art en Grèce. 2ᵉ éd.

Paul Janet.
Le Matérialisme cont. 6ᵉ éd.
Philos. de la Rév. franç. 4ᵉ éd.
St-Simon et le St-Simonisme.
Les origines du socialisme contemporain. 2ᵉ édit.
La philosophie de Lamennais.

Alaux.
Philosophie de M. Cousin.

Ad. Franck.
Philos. du droit pénal. 3ᵉ éd.
Rapports de la religion et de l'État. 2ᵉ édit.
Philosophie mystique au XVIIIᵉ siècle.

E. Saisset.
L'âme et la vie.
Critique et histoire de la philosophie.

Charles Lévêque.
Le Spiritualisme dans l'art.
La Science de l'invisible.

Auguste Laugel.
Les Problèmes de la nature.
Les Problèmes de la vie.
Les Problèmes de l'âme.
L'Optique et les Arts.

Challemel-Lacour.
La Philos. individualiste.

Charles de Rémusat.
Philosophie religieuse.

Albert Lemoine.
Le Vital. et l'Anim. de Stahl.

Beaussire.
Antécéd. de l'hégélianisme.

Bost.
Le Protestantisme libéral.

Ed. Auber.
Philosophie de la Médecine.

Schœbel.
Philos. de la raison pure.

Ath. Coquerel fils.
La Conscience et la Foi.

Jules Levallois.
Déisme et Christianisme.

Camille Selden.
La Musique en Allemagne.

Fontanès.
Le Christianisme moderne.

Saigey.
La Physique moderne. 2ᵉ tir.

Mariano.
La Philos. contemp. en Italie.

Georges Lyon.
La Philosophie de Hobbes.

E. Faivre.
De la variabilité des espèces.

J. Stuart Mill.
Auguste Comte. 4ᵉ éd.
L'utilitarisme. 2ᵉ édit.

Ernest Bersot.
Libre philosophie.

W. de Fonvielle.
L'astronomie moderne.

E. Boutmy.
Philosophie de l'architecture en Grèce.

Herbert Spencer.
Classification des scienc. 4ᵉ éd.
L'individu contre l'État. 2ᵉ éd.

Ph. Gauckler.
Le Beau et son histoire.

Bertauld.
L'ordre social et l'ordre moral.
Philosophie sociale.

Th. Ribot.
La psychol. de l'attention.
La Philos. de Schopen. 5ᵉ éd.
Les Mal. de la mémoire. 8ᵉ éd.
Les Mal. de la volonté. 8ᵉ éd.
Les Mal. de la personnalité 4ᵉ éd.

Hartmann (E. de).
La Religion de l'avenir. 2ᵉ éd.
Le Darwinisme. 3ᵉ édition.

Schopenhauer.
Essai sur le libre arbitre. 5ᵉ éd.
Fond. de la morale. 4ᵉ éd.
Pensées et fragments. 10ᵉ éd.

L. Liard.
Logiciens angl. contem. 3ᵉ éd.
Définitions géométriques. 2ᵉ éd.

H. Marion.
Locke, sa vie et ses œuvres.

O. Schmidt.
Les sciences naturelles et l'Inconscient.

Barthélemy-St Hilaire.
De la métaphysique.

Espinas.
Philos. expérim. en Italie.

Siciliani.
Psychogénie moderne.

Leopardi.
Opuscules et Pensées.

A. Lévy
Morceaux choisis des philosophes allemands.

Roisel.
De la substance.

Zeller.
Christian Baur et l'École de Tubingue.

Stricker.
Le langage et la musique.

Ad. Coste.
Conditions sociales du bonheur et de la force. 3ᵉ éd.

A. Binet.
La psychol. du raisonnement.

Gilbert Ballet.
Le langage intérieur. éd.

Mosso.
La peur.

G. Tarde.
La criminalité comparée.
Les transformations du droit.

Paulhan.
Les phénomènes affectifs.
Joseph de Maistre.

Ch. Féré.
Dégénérescence et criminalité.
Sensation et mouvement.

Ch. Richet.
Psychologie générale. 2ᵉ éd.

J. Delbœuf.
La matière brute et la matière vivante.

Vianna de Lima.
L'homme selon le transformisme.

L. Arréat.
La morale dans le drame. 2ᵉ éd.

A. Bertrand.
La psychologie de l'effort.

Guyau.
La genèse de l'idée de temps.

Lombroso.
L'anthropol. criminelle. 2ᵉ éd.
Nouvelles recherches de psychiatrie et d'anthropol. criminelles.
Les applications de l'anthropologie criminelle.

Tissié.
Les rêves (physiol. et path.)

B. Conta.
Fondements de la métaphysique.

J. Lubbock.
Le bonheur de vivre, (2 vol.)

I. Maus.
La justice pénale.

E. de Roberty.
L'Inconnaissable.
Agnosticisme. 2ᵉ éd
La recherche de l'unité.

R. Thamin.
Éducation et positivisme.

Sighele.
La foule criminelle.

J. Pioger.
Le monde physique.

Queyrat.
L'imagination et ses variétés chez l'enfant.

Wundt.
Hypnotisme et suggestion.

Fonsegrive.
La causalité efficiente.

Coulommiers. — Imp. PAUL BRODARD.

www.ingramcontent.com/pod-product-compliance
Lightning Source LLC
Chambersburg PA
CBHW070657170426
43200CB00010B/2273